U0482878

高校德育教育与传统文化融合研究

廖 琴 蒋 兰 王美燕 著

武汉出版社

（鄂）新登字08号

图书在版编目(CIP)数据

高校德育教育与传统文化融合研究 / 廖琴 ,蒋兰,

王美燕著. -- 武汉：武汉出版社，2024. 6.--ISBN

978-7-5582-6937-0

I. G641；K203

中国国家版本馆 CIP 数据核字第 2024VD2394 号

高校德育教育与传统文化融合研究

GAOXIAO DEYV JIAOYV YV CHUANTONG WENHUA RONGHE YANJIU

著　　者：廖 琴 蒋 兰 王美燕

责任编辑：杨 靓

封面设计：钟睿阳

出　　版：武汉出版社

社　　址：武汉市江岸区兴业路 136 号　　　　邮　　编：430014

电　　话：(027)85606403 85600625

http://www.whcbs.com E-mail:whcbszbs@163.com

印　　刷：武汉绿色印务有限公司　　　　经　　销：新华书店

开　　本：710mm ×1000mm 　1/16

印　　张：12　　　　　　　　　　　　字　　数：210 千字

版　　次：2025 年 3 月第 1 版 2025 年 3 月第 1 次印刷

定　　价：78.00 元

前　　言

随着社会的不断发展和进步,德育教育在高等教育体系中的地位日益凸显。德育教育不仅是培养学生健全人格、树立正确价值观的关键环节,也是传承和弘扬民族文化、增强民族凝聚力的重要途径。在全球化的冲击和多元文化的交融下,如何有效地进行德育教育,培养具有高尚道德品质和深厚文化底蕴的新时代青年,成为高等教育面临的重要课题。中国传统文化博大精深、源远流长,蕴含着丰富的道德智慧和人生哲理,这些智慧和哲理不仅为德育教育提供了宝贵的资源,也为德育教育的改革与发展提供了有益的启示。将传统文化融入德育教育之中,可以使学生更好地理解和接受道德规范,形成深厚的道德情感,从而更好地践行道德规范,成为具有高尚道德品质的优秀人才。

因此,本书提出高校德育教育与传统文化融合,通过深入分析传统文化的内涵和价值,探讨传统文化在德育教育中的功能和作用,以及如何将传统文化融入德育教育之中,旨在为高校德育教育的改革与发展提供新的思路和方法。首先分析高校德育教育的理论基础和体系,探讨传统文化的时代意义及其德育价值,接着详细论述高校德育教育与传统文化融合的必要性、可行性和原则,并具体分析传统文化中修身、孝文化、"知行合一"等思想与高校德育教育的融合路径。

本书通过深入探讨高校德育教育与传统文化的融合,为高校德育教育的改革与发展提供新的思路和方法,希望能够对高校德育教育的实践产生积极的影响,为推动高校德育教育的创新发展做出贡献。

笔者在本书的写作过程中,得到了许多专家学者的帮助和指导,在此表示诚挚的谢意。由于笔者水平有限,加之时间仓促,书中所涉及的内容难免有疏漏之处,希望各位读者多提宝贵意见,以便笔者进一步修改,使之更加完善。

作　者

2024年11月

目　　录

第一章　高校德育教育理论基础

第一节　德育的本质与功能

在当今社会,德育作为教育体系的重要组成部分,其本质与功能的研究显得尤为重要。"教育作为社会中的一个子系统,只有达到与社会现代化相一致的发展状态,才能完成其所担负的人才培养的历史重任,与社会现代化形成深度融合,良性互动的同步发展。高校德育是教育的重要组成部分亦不例外。"①

一、德育的本质

"本"即"根本","质"即"特质""特性",故此,"本质"就是指事物"根本的特性"或"根本特质"。"本质"是此事物之所以为此事物,而非他事物的根本原因之所在,是一个事物存在的标志性特征,它决定着该事物的存在与发展。

本质必须寄托于现象来存在,而现象是多姿多彩的,研究者审视现象的角度、视野决定着他们对事物本质的认识结果。本质是在事物、现象的背后隐身而存的,是任何一种感觉器官都无法直接触及的。本质只能诉诸理性,借助于人的抽象思维和语言来提取,事物的本质是研究者从自己的认识角度抽象、思考的结果。在德育本质研究上也是如此,它是各种德育本质观念产生的根源所在。德育本质就是教导学生对于善与义务能知又能行等。这都是从不同角度来认识德育本质的结果,它们之间是互补的关系,而非绝对的对立关系。

(一)德育本质的主要观点

在德育本质认识中,人们对"根本特性"内涵的具体理解是多样化的,由此得

---

①杨金铭.高校德育现代化研究[D].哈尔滨:哈尔滨师范大学,2018:3.

出不同的德育本质理解或德育本质论,其中,最具有代表性的有以下四种:

1. 德育现象的"共性"

从"本质"形成的方式来看,"本质"是从同一类现象中抽取出来的,是对该类事物之共性的提炼、提纯、抽象。相对现象而言,事物的本质具有普适性和一般性,现象只是这种"共性"的一种体现或具体表现形式而已。在这一意义上,本质是一类事物、现象的"共相",是潜藏在多样化事物背后的一种恒定属性。由于新事物层出不穷,研究者所见到的事物总是有限的,他对事物共性的抽象与认识总是有限度的,所以,事物本质的稳定性只是相对的。就德育而言,德育的现象是纷繁芜杂的,如家庭德育、学校德育与社区德育、德育课堂、德育实践活动、日常生活德育等。

德育活动不是一种物质生产性实践,而是针对学习者开展的一种以探求人生的价值、意义为内容的精神教化实践活动,一种人生价值与意义的启示与引导活动。同样的德育活动,在不同时代有不同的表现,与之相应,德育本质也处在缓慢演进之中,尽管其核心本质仍旧是培养人的道德品质。

随着民主化进程的加速,德育的主导功能逐渐由精神控制、人性压抑转向帮助人弘扬人生价值、探究人生意义,为学习者过上一种自主、幸福而又负责任的生活服务。因此,现代德育开始成为引导学生确立人生理想,构建人赖以生活的精神支柱的基石,它的根本特性就在于为人的精神生活丰富与提升优化德育服务,帮助学习者过上一种真正有意义、有价值的生活。

2. 德育的"类征"

在反映或表达事物本质时常用的一种重要方式是概念,它是揭示事物本质、内涵的直接方式。在概念界定中,最常见的一种方式就是"种+类征"法,即确定事物所属的种类,并描述其与同类内相邻事物之间的差异。后者即为"类征",它是事物的本质属性所在。在此意义上,事物的本质是事物与同类事物相比而言的个别差异性或个性,它是事物标识自己存在身份的一个标志,是对自己之独特性或个性的一种表达。

在德育研究中,德育本质是指德育相对于其他教育活动而言的独特性,包括德育内容、方法、目标、功能方面的独特性与规定性。事物自身的规定性是把它同其他事物进行比较而形成的。有比较才会有鉴别,在比较中,抓住了事物的独特性就算抓住了事物的本质特性。要进行比较就必须找准比较的维度或标准,否则,这种比较就不是同类事物间的比较,就不可比。

就德育而言,应该把它和教育实践领域内的其他教育类型,即智育、体育、美育、劳动技术教育、心理教育等进行比较。与德育相比,它们的特性和功能主要体现在:智育旨在发展学生的智力,体育旨在发展学生的体力和身体,美育旨在培养学生的审美意识和创造美的能力,劳动技术教育旨在培养学生的劳动能力和劳动态度,心理教育旨在提升学生的应对生活的心理能力。

人的发展是精神与心智在实践活动中的协调发展,德育的独特价值在于它对学生精神世界,即价值观所产生的独特影响。德育存在的目的是要丰富学生的精神生活世界,促使学习者形成积极的世界观、人生观与价值观,为他们提供心灵启示与精神指南,培养他们按照道德、伦理的原则来安排生活、规划人生的能力。这是德育活动担负的独特教育功能。

换角度而言,"种差"是一种属性,事物的本质就是它的一种独特属性。既然事物之为事物的质的规定性是本质,那么,称之为"本质"的东西必然要是事物的各种属性中独一无二的"那一个",即能够直接代表事物存在的那些属性。就德育而言,它有诸多属性,如教人学会关爱他人,教人学会善待他人,教人学会去追求一种幸福的生活,以及为促进社会生活的和谐、公正而服务等。

3. 德育活动的"特殊矛盾"与"内在联系"

在哲学界,人们理解"本质"的方式主要有两种:其一,本质就是事物本身所具有的"特殊矛盾";其二,本质就是事物的"内在联系"。这就构成了研究者认识德育本质的又一个视角。

(1)从特殊矛盾论角度来看。德育本质是促进学习者解决好现实道德生活与理想道德生活间的矛盾,不断提高人生的道德境界与道德水平。辩证唯物主义者认为,所谓"本质",就是事物的根本性质,(是)由事物本身所具有的特殊矛盾所决定的。结合德育活动,需要对其外延进行以下剖析:

第一,德育工作面临的直接矛盾是德育双主体之间的矛盾。事物的本质源自其矛盾,而矛盾是事物内部或事物之间存在的对立双方成对出现、相生相克、相辅相成、相互转化的关系,它孕育着推动事物发展的根本动力。每个事物都是由矛盾构成的,都是诸多矛盾的复合体。如社会面临着生产力与生产关系的矛盾,工厂面临着规模与效益的矛盾,等等。

第二,德育工作要解决的根本矛盾是学习者的现实道德生活与理想道德生活之间的矛盾。事物本质是来自事物自身的矛盾,而非外在的矛盾。本质是事物本来的品质和质地,它是由事物的内在矛盾所规定,是事物比较深刻的一贯和稳定的一面。事物的发展是在诸多矛盾的冲突中完成的,这些矛盾有外在的矛盾与内在的矛盾之分。外在矛盾只能对事物的发展起到加速或延缓的作用,只有事物内在的特殊矛盾才能决定事物的本质。也就是说,事物的发展就是其自身矛盾运动的结果。

就学生的道德发展而言,它所涉及的矛盾众多,包括学生与德育环境的矛盾、教师与道德规范的矛盾、学生的现实道德生活与理想道德生活的矛盾、教师与一定社会价值观的矛盾,以及教师与德育方法、内容的矛盾等。在这些矛盾中,学生的现实道德生活与理想道德生活之间的矛盾被认为是影响学生德育发展的内在矛盾,而其他矛盾则被视为德育活动的外在矛盾。

然而,这一内在矛盾本身又嵌套于另一矛盾之中,即德育工作者与学生的矛盾。这是因为学生道德发展的本质特征在于这种"发展"并非一种自发的自然过程,而是在专业德育工作者的指导下进行的有意识的道德发展。因此,德育活动自身的矛盾并非简单的一组矛盾所能全面概括,它应该具有一个复合性的结构,即"大矛盾(德育工作者与学生的矛盾)中包含小矛盾(学生的现实道德生活与理想道德生活的矛盾)"的层级结构。换句话说,从宏观角度来看,德育活动的矛盾主要体现为"德育工作者与学生的矛盾"。在这一矛盾结构中,主要方面实际上在于学生,而学生道德发展中的矛盾实质上就是现实道德生活与理想道德生活之间的矛盾。显然,后一组矛盾实际上被包含在前一组矛盾之内。因此,德育活动的内在矛盾就体现在这一特殊的矛盾结构之中。

(2)从内在联系论角度来看。德育的本质是指德育活动内蕴的"内在联系",即德育工作者、学生与理想道德生活间的动态关联方式。

辩证唯物主义对"本质"的第二种理解是"内在联系"。本质就是联系,就是事物内部要素之间的稳定联系。每个事物都处在联系之中,对本质的研究就必须从事物的各种联系入手来探讨。从某种意义上说,除各种联系之外事物无从表现自己、实现自己,联系是事物内部与事物之间彼此沟通、交换能量信息、实现共同发展的"脉络"。所以,事物的本质只有从它具有的各种联系来把握,事物的本质就被它所处的各种联系之"网"所限定、锁定。结合德育来看,德育活动的本质就源自其置身其中的形形色色的联系。具体如下:

第一,德育本质源自德育工作要素间的内部联系。本质就是联系,就是关系。

事物存在于各种关系之中,事物的本质就应该由这些关系来决定。但一般而言,"关系"总具有两种表现形态:①事物内在的关系,即事物内部要素间的联系,就是事物内部的"结构";②事物外部的关系,即该事物与周围事物间的联系,就是该事物与其他事物间的相互作用关系。实际上,它就构成了事物的功能。从结构功能论的角度来看,结构决定功能,功能反映结构。一方面,一个系统的结构决定这个系统的功能;另一方面,结构本身就是"凝结的功能",换言之,结构是在功能的影响下构成的。因此,在探讨事物的本质时就必须对构成事物的要素及其联系、功能进行分析,以深入地把握这种"关系"。就德育而言,其构成要素是德育工作者、学生与理想的道德生活,它们共同担负着发展学生道德的任务。因此,德育的本质必须从这三个要素间的联结方式去探讨。

第二,德育本质源自德育工作要素间的稳定联系。本质是稳定的联系,而非偶然的联系。事物的本质是指在一个历史阶段内,在事物发展的过程中都具有的一般性、稳定性联系,而非偶然、意外地建立起来的那些联系。而工作要素之间的联系,即德育工作者、学生与理想的道德生活间的联系自然是所有德育活动在其所有过程中都离不开的一种联系。因为缺少了其中的任何一种联系,德育活动就难以构成。因此,它属于德育活动本身所具有的一种稳定联系。

第三,德育本质源自德育工作要素间的网络状动态关联方式。联系一般是多样的、交互的、双向的,故本质总是立体的、多维的、发展的。在任何事物中其所有要素间所构成的联系方式总是复杂的、多层次的、网络状的,因此,事物的本质也应该存在于一种动态的联系网络之中。就德育而言,其"三要素"——德育工作者、学生与理想道德生活之间构成了一种网络状、交互式的联系,它们通过这种联系彼此之间进行着信息、情感、精神的互动和交流,"三体互动"方式决定了德育活动的独特性。

4. 德育活动的独特运动

在当前,对德育本质的讨论正由静态的"特性论""种差论""联系论"走向动态的"过程论",把德育活动视为一个特殊的运动过程,视为学习者德行与价值观的形成过程,正成为德育本质论探讨的主流。德育本质的过程论有多种表现形态,其中尤为重要的主要有以下四个方面:

(1)德育本质的"转化论"。在20世纪末期,该理论尤为流行,成为学者们解释德育本质的热门理论。其主导观点认为:德育过程是社会道德规范向学习者道德品质的转化过程。就转化方式而言,该理论可以被区分为三种:外化论、内化论和内外化统一论。

第一,外化论认为,德育活动是教育者根据一定社会或阶级的要求,有目的、有计划、有组织地对受教育者施加系统的影响,将一定的社会思想和道德规范转化为个体的思想意识和道德品质。

第二,内化论则将德育视为教育者根据一定社会或阶级的要求,有目的、有计划地,系统地对受教育者施加思想和道德影响。通过受教育者的积极认识、体验和实践,形成其品德和自我修养。

第三,内外化统一论将德育的本质理解为两个相辅相成的转化过程:社会道德的个体化和个体品德的社会化。德育活动的完整过程包括社会道德规范向个体内部思想意识的转化,以及个体内化这些思想规范的双轨并行过程,最终促使个体学习者习得品德行为。

(2)德育本质的"适应—超越论"。德育是帮助人超越现实生活还是适应现实生活的问题迅速成为争议焦点。超越环境、超越规范、超越本性、超越自己,面向未来可能生活世界进发,不断提升生命、生活的质量,走向自主、自由的道德生存方式,是德育的本质。另外,德育的本质是价值引导,是帮助人适应现实生活,融入道德生活世界。德育的本质是在引导人适应现实生活的同时帮助人超越其中的不合理性成分与要素,促使人在现实生活与理想生活之间找到平衡点。

(3)德育本质的"引导—建构论"。在国内,德育过程的本质在于它是教育者的价值引导与受教育者的自主建构相统一的活动。在这一过程中,道德学习者始终处于主体地位,新价值建构的内容、方向、结果都取决于学习者自身的道德认同、自主建构与主动参与;教育者在德育过程中具有导向作用,他们是正向价值观的提供者,是影响学生品德形成的关键人物,能否为学习者提供积极的价值引导或导向,直接决定着德育活动的效能。

(4)德育本质的"实践—体验论"。德育是教会学习者学会"做人"的道德实践过程,是学习者在道德情感体验中生成品德的过程。在古代,道德其实就是"实践哲学",其主题只有一个,即"做人"。人的德行、品性是在生活实践、道德实践中生成的,人生实践活动是人的品德形成的来源、动力、目的,是人进行自我教育、习得品德的"大学校",学习者是在生活与实践中习得做人的学问、道理与智慧的。因此,德育的本质就是人在生活、实践中发展道德品行的过程。在人的道德转变中,只有人切身体验到某种道德规范、价值观念的重要性，并对其产生认同、敬畏、欣赏、信任等积极情感体验时，道德学习或道德教育才可能发生。因此，德育过程的本质就是人在教育情境中体验道德、习得道德、接纳道德的过程。

（二）德育本质的意义

尽管德育本质论具有多样性，从不同视角与立场出发可能会得出不同的德育本质论，但相对而言，在当代背景下那些最具解释力、说服力，认同度相对较高的德育本质论更值得深究、探寻。当前，人们较为认同的德育本质论是"引导—建构论"，以"引导—建构论"为基础，在有机吸收、兼容其他德育本质论优点的基础上，提出一种更为完善的德育本质论，即价值学习论。其核心内容是：德育是学习者在社会情境中的价值观学习活动；价值学习的目的是帮助学习者超越现实生活，过上一种更道德、更美好的生活；价值学习是道德学习者体验生活、参与实践、理解他人、改变态度、重树信念的过程；以德育工作者为核心的价值学习环境是价值学习发生的必需条件。简言之，德育本质是一种以道德学习者为主体，以体验、实践、理解为途径，以创造更美好、更道德生活为目的，以德育工作者与德育环境为依托的价值学习或价值自主建构过程。现代德育本质的核心要义可以从以下方面进行阐述：

1.德育是价值学习活动

德育即"道德教育"，这是传统意义上的理解，它关注的是教育者向受教育者施加的道德影响，在这一过程中，道德学习者更多处于被动地位，他们是被教化的对象；在现代德育中，德育的本质含义不是"教育"，而是"学习"，即"道德学习"，而道德的最内核要素是人的价值观，故道德学习的根本含义是价值观学习，现代德育即"价值观学习"或"价值学习"的代名词。"价值学习"不同于"知识学习""技能学习"。

"知识学习"主要改变的是人的认识、观念，改变的手段是人类积累、占有的知识信息资源；"技能学习"主要改变的是人的动作方式，改变的手段是教育者掌握的动作经验与技巧；"价值学习"主要改变的是人的处世态度、人生信念与道德理解，改变的手段主要是道德体验、道德示范、道德实践等，反复性、长期性、内在性是这一转变的重要特征。

2. 德育让学习者的生活方式变更有意义

现代德育的目的不只是要让道德学习者信守道德规范、伦理法则,做一个社会意义上的"规矩人",更要引导他们在道德理想、道德信念指导下,积极突破现有的生活方式或"活法",过上一种更为自觉、道德的生活。道德教育的意义更多集中在道德理想指导下的可能生活。换言之,现代道德教育的目的是要让道德学习者更加自觉、自主、自由地应对现实生活,去追求更高境界的道德生活方式,去追求一种更加幸福、公正、美好的生活方式。这种价值引导是现代德育的根本特征。

人们生活在世界上,就必然会选择一种生活方式,每种生活方式的内核或枢纽都是一种价值观念、理想信念,它决定着人的生活的各个方面;一旦人的价值观被改变,他的整个生活世界、生活面貌、生活细节都可能因此而发生系统性改观。因此,重塑人的价值观,帮助他选择一种更加有意义的价值观,是改变人的现实生活宇宙的重要切入点。其实,适应现实生活只是道德学习者融入身边世界的前提,促使他们超越现实生活,建构一种更为理想的生活方式,才是道德学习者的能动性所在。现代德育正是借助对学习者道德理想、生活理想的引领来整体改变他们的生活方式与人生轨迹。

3. 德育以道德学习者或价值学习活动为主体

在现代德育实践中,学习者被公认为德育的主体,即价值学习主体。充分发挥学习者的主体性地位是德育活动顺利进行的前提条件,这一点由德育过程内在的矛盾性所决定。在现代德育中,德育工作者与学生之间的矛盾,以及学生现实道德生活与理想道德生活(在新价值观的引领下)之间的矛盾,构成了德育过程中的特殊矛盾。这些矛盾的运动方式塑造了学校德育活动的独特性。

与此相比,前者是所有教育活动中普遍存在的矛盾在德育领域的具体表现,而后者则是学生道德品质构建过程中的核心矛盾。重视前者是对德育活动教育性的认可,而重视后者则是对德育过程发展性的认可。

德育活动既具有教育性也具有发展性,它能够主动引导学生价值观的构建,同时充分发挥学生参与道德活动、发展道德素养的主体性。通过这样的活动,学生在价值引导与自主构建中实现道德成长。同时,这两大矛盾之间存在着内在联系:前者决定了学生道德生活的构建和价值观的形成离不开德育工作者的引导;后者则要求德育工作者对学生价值观的引导必须建立在学生自觉、自主构建其价值观的主观能动性之上。确立并尊重学生在德育过程中的主体性,使所有学生成为德育活动的主人,让道德发展成为学生自身的事务,是现代德育的基本特征。

现代德育还强调,价值学习必须是学习者亲身参与的过程,这一过程是他人难以替代的。道德学习者作为德育的主体,他们的亲身实践、切身体验、自我理解和全身心投入是价值学习生效的必由之路。从另一个角度来看,现代德育的本质在于学习者的价值观学习与构建活动。其目的是帮助学生构建自我认同、社会倡导的价值观,引导他们过上有价值、有意义的道德生活,培养他们参与道德生活的精神操守,形成处理道德问题的原则和智慧,从而超越不道德、无意义、平庸的生活状态。这正是现代德育影响学生发展的独特方式。

所谓的"价值观",是指支撑一个人生活的基本信念,它决定了人的行为的基本取向,以及人以何种心态去创造自己的生活。因此,价值观是学生精神世界的核心,价值观的变革是学生走向理想道德生活、实现人生意义的直接途径。与其他教育形式相比,德育影响学生发展的主要手段并非仅仅是思维改造、情感感化、行为规范、知识传授、身体训练、艺术欣赏、技能模仿(尽管这些对学生价值观的形成可能产生间接或辅助性的影响),还通过学习者亲身的道德实践体验、反思讨论等活动来引导他们积极构建价值观和形成道德理想。因此,价值学习的特殊性要求现代德育特别关注学习者自我参与、心灵体验、价值自省的德育活动,并将德育效能的提升建立在这种亲身性的道德学习活动之上。

4. 德育工作者主导价值学习环境中的德育

现代德育离不开道德学习环境的参与与辅助,德育环境建构是辅助学生价值建构的必需媒介。所谓环境,就是人周围的一切人、事、物等构成的要素综合体,德育环境由一切参与学习者价值建构的要素构成,如学校文化、课堂氛围、师生关系、社会背景等,它们构成了学生价值学习的外围条件与信息传递媒介。

在德育环境中,德育工作者始终处于主导、统领地位,他们正是通过对德育环境的设计、控制、干预,将德育影响传递给学习者。从某种意义上看,道德知识具有不可直接传递性,唯一能够传递的方式就是将之"搭载"到德育环境之中来传递,德育工作者正是通过控制德育环境来促进学习者的价值建构的。在现代德育中,师生关系是影响学习者价值建构的最重要环境。另外,现代德育活动的"三要素"——德育工作者、学生与理想道德生活之间构成了一种网状结构与多向互动,这一特殊的结构决定了现代德育活动的独特性在于:德育工作者与学生之间是主体间关系、交往性关系、互主体性关系、对话协商式关系,而非主客体关系、训导性关系、单向性关系等。因此,理想的道德生活是师生共同参与、共同经营、共同建构的结果,而非提前由德育工作者所规定好了的,由德育课程文本、德育教科书限定死了的。在德育活动中,师生携手共创理想的道德学习环境,为学习者的价值建构提供一种科学、健康、有效的心理环境与社会环境支持。

(三)德育本质的基本特征

德育的本质在于它是一种建构人生意义的精神实践。就其具体存在方式而言,它以建构人的价值观为独特方式,以教育性和发展性间的矛盾为主要矛盾,以德育工作者、学生与理想道德生活之间的网络状互动关系为独特结构。现代德育的本质就在于它是一项德育工作者与学生共同围绕学生价值观建构这一中心而展开德育活动、创建理想道德生活的一种精神实践与价值学习活动。显然,这正是现代德育的特性所在。具体而言,这一"特性"体现为以下三个方面:

1. 精神实践活动

实践是实现人与世界相互沟通、相互关联的重要方式,是人类实现生存和发展的基本形式。在这里,"世界"有两种形态,即存在于人身体之外的客观世界和存在于人身体之内的主观世界。在人与自然界之间的实践被称为生产实践,而维系这一实践进行的桥梁是知识;在人与自己的主观世界之间的实践则被称为精神实践,维系其进行的桥梁是道德。因此,生产实践与精神实践的区别在于它们所依赖的媒介不同。

知识的交流与精神的交流有着本质的不同:知识的交流是信息的共享,是人类认识成果的相互"告知"和积累;而精神的交流则是人类相互间的理解和沟通,是对人生体验的相互分享。知识交流追求的是真知灼见,而精神交流追求的则是心灵的寄托和归属感。因此,认识实践为人们开阔了视野和眼界,而精神实践则开拓了人们的精神境界。

精神实践是人类的一种独特实践,它主要承担着为人提供生存价值和意义的任务,解决人在精神方面所遇到的困惑和问题。所谓的"可能生活"指的是,如果一种生活是人类行动能力所能够实现的,那么它就是一种可能生活。这种生活是在各种意义的支撑下展开的,生活本身向多种"可能生活"敞开,生活的意义在于创造性地生活并创造可能生活。因此,人类生活的根本向度之一就是意义、价值和精神。人首先生存在精神实践之中,然后才生活在现实生活之中。人如何按照一种有意义的方式去"过"这种"可能生活"属于人的精神实践范畴。

德育是一种精神实践活动,它是为了解决生活中遇到的关于人生价值和意义的困惑而必须参与的实践活动。在德育活动中,德育工作者通过与学生之间的互动、讨论和交流人生体验等形式,帮助学生形成对生活意义的看法,理解道德关系,从而引导学生不断向理想的道德生活前进。通过师生间的共同实践活动和交流,引导学生学会用善良的心去对待周围的世界,用道德的方式安排自己的生活,提升人生价值,过上幸福的生活,这是德育作为精神实践活动必须完成的重要任务。

2. 以价值观为核心的精神实践活动

人不仅按照物的尺度来认识世界,还按照自身的尺度来认识世界,这一尺度就是价值的尺度。德育不仅是一种在师生间展开的一般精神实践活动,它还是一种以对学生价值观的建构为内核的特定精神实践活动。帮助学生形成一种具有时代合理性的价值观,为他们提供处理生活问题的价值尺度,是德育实践影响学生发展的独特方式。

对于价值,一般而言有三种不同观点:一是指客体的有用性,这种价值是客观的、绝对的;二是指客体相对于主体而言的需要性,这种价值是主观的、相对的,当主体需要某物时,该物对于主体而言就具有价值;反之,则无法构成价值;三是事物的存在对于其他事物产生的影响和意义。

在德育实践中所讨论的"价值"主要是第三种意义上的价值,即一个人活着对其他人所产生的意义,也就是生命存在的意义。每个生命都有多种存在的方式,对它而言,这种存在方式就是生活。生活不仅是人的一种"生命活动",而且是一种追求"生活意义最大化的活动",这就是对生活方式的选择问题,就是人的生活价值的问题。简而言之,每个人的价值都有两种:一是他作为一个有机体的生命本身存在的价值,如一个人活着能够劳动,能够生产一定的物品等;二是人的生活方式所创造的价值,如有的人按照先人后己的原则生活,有的人按照以自己为首位的原则生活,等等。这些不同的活法创造的人生价值是不同的。

当一个人生活在世上感觉到社会、周围人需要自己时,其生活的价值就会产生;反之,当他生活在世上感觉不被人需要时,其生活的价值就是微不足道的。因此,通过引导学生形成一种善待他人、关爱社会、呵护自然的价值观,进而让他们体验到一种被人需要的感觉,帮助他们过上一种幸福的生活,就是德育工作者的使命所在。要帮助学生形成这种价值观,德育工作者有必要从三个角度进行努力,具体如下：

（1）让学生在生活中形成一种合理的价值判断标准。在生活中，学生常常会遇到许多有关价值判断的问题，这时德育工作者应该引导学生去主动形成相应的价值判断标准，以促进这些道德问题的解决，让学生的道德获得健康发展。由此可见，这些价值标准就是建构学生生活意义的基石，就是引导学生走向道德生活的一个路标。

（2）让学生在关怀周围世界中建构自己的价值观。人的价值观是在生活实践中形成的，是在日常生活中渐次形成的。在德育活动中，德育工作者通过引导学生去关怀他人、关怀自然、关怀社会，让他们去体悟这种生活方式的意义所在。

（3）在和学生对话、交流中开展价值观的"协商"活动。在德育活动中，德育工作者帮助学生建构价值观的常见方法就是对话和交流。这种对话的方式是多样的，如围绕一个具体道德实践问题的对话，在课堂上展开的道德对话，围绕德育课程文本展开的对话，在日常生活中展开的道德对话，等等。通过对话不仅可以引起学生对自己当前价值标准的反省，更加清晰地认清自己的价值观及其利弊，还可以激起他们对他人价值观中的那些合理成分的向往和追求，促使他们不断超越自己现有的价值观，使自己生活得更有意义。由此可见，德育工作者与学生一起围绕个体价值观的建构而开展各项德育活动，展开道德对话，参与各种道德实践就是德育活动的独特实现方式。所以，德育活动不是一项一般的精神实践活动，而是以建构学生的价值观为主要内容的精神实践活动。这一活动的进行必然为学生过上一种有意义的生活，一种道德的生活奠定坚实的基础。

3. 对学生价值观构建在道德理想引导下展开

德育活动属于教育活动的范畴，但又有其独特之处，这种独特性主要表现在它追求的是以高于学生现实道德发展水平的道德理想来引导学生发展，而不是通过传授高深的知识、理论或技能来指导学生的成长。在德育过程中，学生追求的是一种理想的道德生活，力图超越其当前的道德状态。因此，道德教育的本质在于依据超越现实的道德理想来塑造和培养个体，激励人们追求理想的精神境界和行为模式，以实现对现实的超越。道德理想与知识、技能不同，后者的形成是一个通过个体认知结构消化和理解新问题的过程，而道德理想的形成则更为复杂。在这个过程中，可能会有波折、反复，甚至可能出现退回到原水平的情况。因为要使一种道德理想被学生认同、接受，并转化为指导其价值观建设的准则，必然需要一个长期的过程。

人的道德水平的提升是一个在道德理想的引导下进行的价值观建构过程,道德理想的存在促使人的道德生活不断从一个水平提升到另一个水平。在德育过程中,德育工作者的任务是引导学生树立更高尚的道德理想,并帮助学生在道德理想的指引下进行价值建构。德育活动的一个显著特征是其明确的方向性,这一方向性正是通过道德理想的形成来实现的。德育工作者通过对学生道德理想的引导来直接引领学生的道德发展,价值观的建构正是在道德理想的指引下完成的。换言之,道德理想确保了学生价值观的建构能够朝着健康的方向发展。

人的道德生活具有两面性,即现实的、实然的道德生活与理想的、应然的道德生活并存。德育关注的是理想的、应然的道德生活,其核心是道德理想。正是道德理想的存在,使得所有德育活动成为一种具有明确方向性和使命感的教育活动。道德理想的存在使人们能够超越平庸的生活,进而追求一种高尚的道德生活。从某种意义上说,德育的根本特性在于其超越性,这种超越性主要表现在德育工作者引导学生建构的价值和意义是超越学生现实生活的。

此外,德育对学生精神面貌带来的变化不仅仅是一般性的,而是一种发展,即一种在德育理想引导下从低级向高级的发展。德育是对学生价值观的塑造活动,旨在让学生自由选择价值观的德育观(如西方德育理论流派中的"价值澄清"派),实际上抑制了德育活动的本质——方向性。所谓"德育",首先在于它是一种"教育",是一种对人的引导。由此可见,没有教育性的指导,缺乏道德理想引导的价值观建构活动不能称之为德育,至多只能算作是日常的道德生活。

同时,人的道德理想通常涉及个人生活和公共生活两个方面。在德育中,德育工作者既要引导学生将幸福视为个人生活中追求的目标,又要将正义视为公共生活中追求的目标。只有从这两个方向着手,德育才能对学生个人的幸福和整个社会的和谐产生积极影响,德育活动也才能成为一项有价值的实践活动。

二、德育的功能

(一)德育的社会功能

所谓德育的社会功能,就是指德育对社会发展的性质和水平所产生的影响或作用。社会是一个有机体,它涉及经济、文化等各个方面,社会发展就是其经济、文化等几个方面的统一发展。在这几个方面的发展中,德育发挥着重要功能,从而分别构成了德育的经济功能和文化功能。在当代,德育在构建和谐的社会关系、民主的体制、转变经济增长的方式、发展先进的文化形态等方面发挥着愈来愈重要的功能。

1. 经济功能

经济的发展是靠人来实现的,而人的主观能动性、创造性、劳动热情、工作态度等是制约社会劳动生产率的关键要素,德育的经济功能表现在它对人的劳动态度、经济意识、工作热情、参与经济生活、引导人们的消费需要与消费方式等方面的影响上。具体而言,德育对经济发展的促进功能主要通过以下三个方面来体现:

(1)德育在生产领域的功能。德育不仅通过培养劳动者的思想道德品质来提升"人"作为"生产力"的素质,而且还通过作用于生产技术来增强社会的"直接生产力"。

一方面,人是生产力中具有主观能动性的因素,德育对生产力的影响体现在其对劳动者生产积极性、劳动能力应用方向及其发挥程度的塑造上。德育能够培育人们遵守经济秩序,减少资源浪费,提升生产效率。在现代经济生活中,劳动力是关键的生产要素。经济生活的顺畅运作不仅依赖于劳动者的劳动技能,还需要他们具备相应的行为规范,如诚实守信、遵循经济活动规则和职业道德等。这些规范和能力往往需要通过学校德育来培养。在德育实践中,当学生内化了特定的价值观念、道德规范和集体意识时,他们将更自觉地调节与他人的关系,减少生产交易中的成本,提高生产效率。因此,德育是经济活动健康发展的前提,对决定劳动能力应用的方向起着关键作用。德育还能培养学生对生产的热爱、对劳动的尊重以及对劳动成果的珍视,激发他们在未来的劳动中的积极性。此外,人作为生产力中最重要的要素,其主观能动性对社会生产具有深远的影响。一般而言,生产效率与劳动者的积极性、热情和创新精神密切相关,而培养这种积极性和热情正是道德教育的重要任务之一。如果德育活动得到有效组织,作为未来经济活动主力的学生将受到正面影响,对生产活动产生积极的情感,将积极参与劳动、创造性地工作、取得优异成果视为实现个人价值的途径。学生步入社会后,将积极投身于国家的各个行业,为经济建设贡献力量。

另一方面,德育还能通过塑造一个时代的主流精神和价值观念,对科学技术的发展产生积极的促进作用或构成阻碍。德育通过塑造积极的社会价值观,可以激励科技创新和探索,从而推动社会生产力的发展。

(2)德育在经济形态领域的功能。学校德育通过各种途径影响着一个国家经济基础的稳定与巩固。一方面,"经济是政治的集中体现",学校德育通过其政治功能的发挥直接干预着社会经济制度、经济形态的建立和发展;另一方面,德育还可以通过影响劳动者的劳动生产率、形成一定的意识形态来巩固经济基础。

(3)德育在生活和消费领域的功能。学校德育通过引导人的消费需要、形成合理的消费观影响着人们生活方式和消费方式的形成。德育能够在生产与消费的良性循环中促使人们的经济活动不断迈向新的层次。经济活动的增长不仅仅是产品数量的增长,还是产品品位的提高。在德育中,它不仅能够构建一种真善美相和谐的文化氛围,给人以熏陶与感染,还可以提高人们对各种优秀产品、高品位商品的消费需要和消费能力,引导人们的消费方向和消费趣味,从而改变人们的消费品的类型结构。另外,德育还能引导学生在投入社会之后积极创造出、生产出更多有品位的产品,从而不断满足人对高品位产品的需要,最终实现对经济发展方向的间接干预。因此,通过培养学生形成与现代经济发展相适应的价值观念,德育就可以影响人们的生活方式,帮助他们建立新的幸福观、效益观和消费观,最终成为促使人类的经济活动迈向更高层次、更高规格的重要推动力。所以,德育引导人们需求的功能与市场经济是有内在一致性的,不重视德育的这种功能,势必影响经济生产,不利于市场经济的健康发展。

2. 文化功能

文化指社会所倡导的主流价值观、生活方式、意识形态、社会意识、思想观念、道德规范、精神信仰、社会风尚等组成的统一体。总而言之,一个社会的道德发展水平不仅奠定着该社会发展的文化基础,而且还通过影响学生的思想意识、精神动向等干预着该社会的文化系统,决定着该社会文化形态的基调。概言之,德育对文化的功能主要体现在它对文化形态的维系和变异所产生的影响上。

(1)德育对文化系统的维系功能。任何教育活动都有传承社会文化的功能,德育活动也不例外。学校德育在传递社会的精神文化,维系社会文化形态的稳定中发挥着重要功能。这种功能是通过以下两种途径来实现:

第一,文化的继承。文化一般有两种形态,即知识形态的文化和规范形态的文化。就德育而言,它传播的主要是规范形态的文化。规范形态的文化既包括人们之间相互交往的各种规范,如道德规范,又包括指导人的世界观、人生观、价值观、人生信仰,甚至还包括社会的文化风尚、社会心态、群体人格等。这些规范形态文化以文化传统的形式建构着个体及群体的人格特征,构建着一个民族、群体的共同人格,它们在人类发展中具有重要功能。实际上,德育就是通过对这些文化传统的继承来参与社会发展的。同时,这些文化传统的表现方式既有物质、语言、符号、制度形态的文化传统,又有精神、心理、行为形态的文化传统。无论哪种形态的文化传统,它们所内蕴的内核,即基本价值取向、基本生活观念和基本行为规范是大体一致的。这些文化内核的继承主要靠德育活动来实现。德育通过开设德育课程、组织德育活动、建立德育氛围,将价值取向、生活观念、行为规范融入教育活动之中去,将文化传统转化为学习者个体的生活方式、行动观念,从而实现对一定文化形态的继承。因此,德育的主体和对象——德育工作者与学生是文化系统的活载体。

第二,文化的控制和整合。德育对文化的传承不是机械地、随波逐流地传承,而是在这个过程中对这些文化形态进行了加工、过滤、选择、组织。因此,德育能够自觉控制文化发展的方向,确保所传承的文化是一种积极、健康、向上的文化。

德育在文化传统的传承中始终遵循积极的价值标准。这种价值标准筛选并排除了那些不利于学习者身心健康发展和人类进步的内容,确保德育对学生产生的影响是积极的。

在文化传承的过程中,德育能够对社会生活中出现的文化失调现象进行自觉的应对和调整。文化的发展并非一帆风顺,而是充满曲折。在特定的历史时期,如果社会过分强调文化某一方面的功用而忽视其他方面,就可能导致文化失调现象的出现,引发文化系统内部的矛盾和冲突。在这种情况下,学校德育可以通过调整德育目标,自觉地解决这一问题,防止文化发展偏离正轨。因此,学校德育在维护文化发展的稳定性、连续性和方向性方面发挥着至关重要的作用。

此外,德育还具备整合文化系统的功能。这一功能主要通过塑造社会共识和主流价值观的形成来实现。德育通过构建社会的主流价值观,能够全面提升社会文化的发展水平。尽管文化表现形式多样、内容丰富,但其内在统一性是由文化精神维系的,即社会普遍认同的主流价值观。从某种程度上说,主流价值观的变革能够引发社会成员在信仰、意识、思想和风尚等方面的全面变化。对德育而言,其主要作用于人的发展方式是通过建构个体的价值观。德育通过向所有社会成员传播高尚的道德理想,促进社会价值观的建设朝着积极、健康、高尚的方向发展,推动社会主流价值观念和社会文化面貌的更新与持续进步。

（2）德育的文化变革功能。文化既需要继承又需要变革。随着社会的发展，文化的内容、结构、形态会发生一些变化，否则，这种文化就难以适应社会变革的需要。德育的文化变革功能就是指德育具有引发文化系统的结构发生变化，促使其不断发展的功能。德育的文化变革功能主要体现在以下两个方面：

第一，德育是催生文化结构变革的辅酶。文化系统一般可以区分为三个层次：外层是文化的物质层面，中层是文化的制度层面，内层是文化的观念层面。文化的发展一般是沿着观念层面—制度层面—物质层面这样一个序列向前推进的。德育属于文化系统中的观念层面，它建构着整个社会的主流价值、基本观念，因此，学校德育总是通过对德育内容，尤其是其所倡导的价值观、思想意识、精神意识的变革来引发整个文化系统的变革的。甚至可见，学校德育就是文化系统变迁的号角，它所宣扬的价值观念的变化往往是一种新文化系统产生的前哨。

第二，德育培养着新文化的生产者。文化变革的主体是人，所有文化变革都是通过人来实现的，人既是文化变革的动因又是文化变革的主力军。因此，所有文化系统的变革总是因人而起。学校德育对文化的变革作用就是通过培养出具有一定新意识、新观念、新精神的人，造就一种新文化的生产者来实现的。在当前，学校德育催生新文化的基本手段就是通过培养新文化的代理人来完成的。当前，我国学校德育的目标就是要培养出善于开拓、勇于创新、敬业乐群、心系民族、放眼世界的新人。实际上，这种"新人"的培养就是建构一种新文化的具体行动，就是变革当前我国社会文化的直接举措。可以想象，当德育培养出足够数量的、具有这种文化意识的人时，整个社会的主导文化势必会发生质的变化，一种新的文化精神、文化形态就会产生。

（二）德育的个体功能

所谓德育的个体功能，就是指德育对个体发展所能够产生的实际影响和现实作用，这些功能涉及个体的生存、发展和生活三个方面。在现实生活中，个体不仅有生存和发展的需要还有提高生活质量的需要，德育就通过培养个体的道德品质、道德人格等方式来满足学习者的上述需要，推动个体发展水平、生活质量的稳步提升。

1.社会化功能

人是社会的个体，其生存离不开社会中他人的认可、关心与尊重，需要一个有序的社会环境,以及从他人那里获得生存和发展的必要条件。因此,个体必须与周围人建立和谐的人际关系,以确保能从社会中获取物质、信息和情感等发展必需的资源。在德育过程中,学生学习如何与他人交往的伦理规则和道德规范,理解尊重、理解和关心他人的重要性,从而自觉运用道德原则来构建社会生活的秩序,用善良的心营造人类生存的道德环境。因此,个体要在社会中生存并发展,就必须实现品德的社会化,并通过道德规范和教育实现这一过程。

此外,德育帮助个体实现社会化生存的主要途径是引导学习者参与社会生活,调节人际关系,为其个人发展创造一个健康、积极、有利的社会环境。每个人都存在于复杂的社会关系网中,这些关系包括经济关系、亲缘关系等,构成了社会关系的"网络"结构。每个人在这个"网络"中都是一个节点,社会化程度高的人能够熟练地管理和运用这些社会关系。个体社会化的实质在于学会使用各种标准和准则来处理这些关系,从而获得自由和自主。在这些标准中,道德规范是至关重要的。德育在帮助个体处理社会关系方面具有独特作用,因为和谐的社会关系建立在互利共赢的基础上,而道德规范是构建这种关系的有效工具。德育教导人们遵循公正、公平和平等的道德观念,以善良和宽容的心态对待他人,并利用公平和正义的原则来协调包括经济关系和精神关系在内的各种社会关系。

2. 发展性功能

人一般具有两种基本需要:生存性需要和发展性需要,或者说外在需要和内在需要。其中,生存性需要或外在需要由外在世界来提供,和谐的社会关系与物质性的产品就构成了这种需要的对象。与之相对,内在性需要就是人主动超越自我的需要,是一种高于物质需要的精神性需要,是人在追求自我价值、寻求自我实现、展示生存意义、追求幸福感中所体现出来的一种需要。这种需要构成了人的发展性需要,它构成着人不断向前发展的动力,制约着人的发展方向。

因此,德育就是通过对人的这种需要的满足和引导来实现这一功能的。具体而言,一方面,德育能够教人形成自主、自尊、自律、自强、自爱的品质,教人形成对社会和他人的责任意识,进而激起个体发展的积极性、主动性和为实现个人价值、为整个社会进步而不断奋斗的精神动力。有了这一精神动力,人学习、生活和工作的热情就会被激发,就能获得源源不断的发展动力。另一方面,人的发展方向是决定一个人生活有无意义的关键因素。在德育中,学生在德育工作者的引领下就会产生一种高尚的道德理想,就会为建构一种积极的价值观而不断努力。因此,人就会按照"合理""公平"和"正义"的原则来建设社会秩序,按照道德原则来处理人与人之间的关系,按照诚信的原则对待他人,人的发展就有了明确、正确的方向。显然,有了这些基本价值观的导航,人的才智的运用就有了方向性的保证。概言之,德育对个体发展的功能主要体现在它对个体道德品德和智能发展的促进上。

(1)德育具有促进个体品德发展的功能。所谓品德即道德品质,是一定社会的道德在个体身上的体现,也就是个人按社会规范行动时所表现出来的稳定特性或倾向。显然,从社会性的道德向个体性的道德品质转化的过程就是德育过程。德育就是一项促进学习者品德发展的活动,它的直接使命和功能就是发展学习者的品德。品德是由多个维度、要素构成的一个整体,品德的发展实际上就是这些要素的综合发展。就品德的结构而言,人们一般较为认同的是"四要素论"所倡导的品德结构观。从形式上,品德的结构可以区分为品德认识、品德情感、品德意志和品德行为四个要素,德育对于品德发展的促进功能就体现在这四个要素的发展上。

第一,德育对于品德认识发展具有引导作用。人的品德认识就是人的大脑对各种品德现象所形成的看法和观点,它是促使人发起品德行为的物质基础。一般而言,只有在一定品德认识指导下人所发出的行为才算是品德行为。在德育中,教育者能够引导学习者运用道德规范、道德法则去分析道德问题,认识道德现象,形成道德判断能力和道德评价能力,从而产生相应的品德行为。因此,在学习者品德认识的形成中,德育的引导尤为关键。通过摆事实、讲道理,来让学习者形成合理、科学的道德认识是其品德发展的前提。

第二,德育对于品德情感的产生具有激发作用。一般而言,品德的形成大致要经历从道德认识到道德情感,再从道德情感到道德行为的转化过程。所以,品德情感是引发学习者将一种品德认识转化为品德行为的中介系统,它能够催生或者阻碍人的品德认识向品德行为的转化。在道德情感的培养上,德育发挥着激发、激励的作用。当学习者的道德认识产生之后,德育工作者及时对其进行品德需要与品德动机的激发,促使他们产生强烈的道德体验和深刻的道德情感。

第三,德育对于品德意志的培养具有强化作用。所谓品德意志,是指个体在自觉调节行为、克服困难以及努力实现特定道德目标时所展现的一种意志状态。它主要体现为自觉性、坚韧性、果断性和自制力等特征。面对道德情境,当学习者形成道德认知和道德情感后,还需与各种道德动机进行斗争,以排除犹豫和障碍,进而采取道德行动。因此,道德意志的形成涵盖了道德动机的斗争、道德判断与选择,以及根据道德选择采取行动这三个相互关联的环节。道德意志是个体克服困难、坚持道德行为和进行道德决策的核心要素。

在德育活动中,教育者能够识别并强化学习者的积极动机,鼓励他们做出恰当的道德决策,从而帮助学习者增强参与道德活动的意志力和坚韧性。

第四,德育对于品德行为的生成具有导向作用。品德行为是品德结构中一个最为外显,也是最为关键的要素,它是人的品德发展水平的明显标志。品德行为的生成是一项具有艺术性的实践,如何用恰当、合适的品德行为来表达自己的品德认识,表露自己的品德情感,实现自己的品德动机,都是值得推敲并需要一定程度的创造性才能完成的。一个优秀的德育工作者能够对学生道德行为的生成提供咨询、建议、引导,从而让学习者学会利用道德行为来实现自己的道德动机,不断提高自己的品德发展水平。所以,德育对于学习者品德的生成直接发挥着导向功能。由此可见,德育对人的品德的发展是通过对其品德结构的诸要素进行积极的干预、自觉的培养来实现的。

(2)德育具有促进个体智能发展的功能。德育过程的实质就是教人向善,教人学会进行道德问题的判断,创造性地开展教育实践。所以,任何德育活动的顺利进行都需要一定的智力活动,德育活动的开展过程就是人的智能得到应用和发展的过程。具体而言,德育促进个体智能发展的功能体现在它对人的认知能力、认知图式、认知热情的训练和强化上。

第一,人的道德品质的发展与人的认知能力的发展之间有密切关系。人的道德发展是以认知发展为内容的,人的认知的发展会促进人的道德判断能力的提升,从而促进人品德的发展。反之,人的道德品质的提高也会促进人的认知能力的发展。因此,德育与人的认知发展之间是相互促进的关系。

第二,德育对人的认知图式的发展具有促进功能。认知图式就是指主体在认识过程中起支配作用的先存意识状态,在认知图式中,各种世界观、价值观居于核心地位。从某种意义而言,人的认知活动就是认知图式的丰富与转换,而德育正是通过对人的价值观、世界观的建构来推动人的认知图式的发展的。

3.享用功能

德育在促进个体社会化、满足个体发展需求方面发挥着不可替代的作用,并且具有"享用"功能,即指导个体学习如何体验和品味生活,感受幸福,不断实现自我价值和内在需求,推动个体物质生活和精神生活的平衡与和谐。

对个体而言,德育的"享用"功能源自德性的本体价值。"德性的本体价值"指的是德性本身具有满足个体需求的价值,个体将德性的培养和道德人格的发展视为内在需求。换言之,德性作为一种卓越的品质,能够使人超脱于平庸的生活,赋予个体独特的人格魅力和精神层次,满足人追求自我实现的需求。幸福是灵魂与德性相合的活动,意味着人的行为具有道德维度。因此,一个人只有不断优化德性,塑造良好的品格,才能在生活中体会到幸福和意义,真正享受到生活的幸福。相反,如果个体在行为上缺乏德性,不懂得如何善待他人,那么他将难以感受到生活的意义和生命的价值,无法体验到生活的真正幸福。这样的个体生活质量可能仅停留在满足生理需求的层面,未能触及精神生活的深度。因此,要提升生活质量,个体不仅要学会如何健康地生活,更要理解如何赋予生活以意义,如何使生活符合德性的要求。德育的目的在于教导学习者如何看待生活、理解生活的意义,并帮助他们选择有意义的生活方式,发掘生活中幸福的因素,超越物质层面的生活,实现生活意义的最大化。

第二节　高校德育教育及其载体

"新时代推进高校德育教育创新发展,对于培育时代新人的爱国情怀、加强时代新人的社会责任感、提高时代新人的品德修养方面具有重要意义。"[1]德育教育是培养学生全面发展的重要环节,其目标在于引导学生树立正确的世界观、人生观和价值观。然而,传统的德育教育方式已难以适应新时代的需求,因此,探索高校德育教育的有效载体显得尤为迫切。

研究高校德育教育及其载体,旨在通过创新德育方法,提高德育教育的针对性和实效性。这不仅有助于培养学生的道德品质和社会责任感,还有助于推动高校德育工作的创新与发展,为培养德智体美劳全面发展的优秀人才提供有力支撑。

一、高校德育教育

(一)高校德育的概念

在德育概念梳理分析的基础上,"高校德育"的内涵理解起来就显得较为容易

---

①王佳琪.新时代高校德育教育创新发展的价值与路径研究[J].中国军转民,2023(04):75.

了。高校德育是德育在高校这一特殊教育场域下,以大学生为主体实施对象的德育,是高校教育的重要组成部分。虽然在高校科研工作上高校德育更多地被纳入伦理学范畴,多以"道德教育"为主进行研究,但是对其概念的理解和进行实际教育实践活动,高校和教育管理部门则多是在"大德育"的语境下进行的,不仅强调大学生的道德教育,同样把思想教育、政治教育等内容也列为高校德育的重要内容。

21世纪以来,在全球化、信息化和网络化特征日益明显的世界发展总体态势下,随着我国经济社会改革发展的不断深入,高校德育的内容比以往任何时候都更加丰富,高校德育特别是道德教育逐渐拓展到包括社会公德、职业道德、家庭美德教育,市场经济条件下诚信、守法等公民道德教育,生态伦理教育,科技道德教育,网络道德教育等在内的经济和社会生活的各个领域。同时高校德育也在主体性德育、实践德育、德育社会化等新的德育理念的影响下更加注重人文关怀、时代诉求和实际效果,更加符合大学生思想道德教育的实际需要,更加符合国家培养"德才兼备"新型人才的目标要求,更加符合社会主义精神文明建设与发展的要求。

(二)高校德育教育的重要性

大学时期是人生道德意识形成、发展和成熟的重要阶段,在这个时期形成的思想道德观念对人的影响颇大。因此,大学时期是培养大学生对德育教育的认识,使大学生道德认知形成、发展和成熟的重要阶段。高校德育教育对大学生的成长至关重要,正确的道德认知是处理好个人与他人、个人与社会之间关系的行为规范,以及实现自我完善的一种重要精神力量,更是提高人的精神境界、促进人的自我完善、推动人的全面发展的内在动力。由此可以看出,高校德育教育很重要。加强对大学生的思想道德教育,培养他们牢固树立社会主义荣辱观,对于他们成人、成才十分重要。

1.德育教育保证个体培养的正确方向

德育,即思想、政治、道德方面的教育,德育教育对保证个体培养的正确方向,促进个人全面发展起主导性作用。目前我国社会各界关于思想道德修养建设的呼声越来越高,当代的高校大学生作为高素质人才,不仅要具备高超的专业技能,而且应具备良好、全面的道德品质。思想政治教育在各级各类学校都要摆在重要地位,任何时候都不能放松和削弱。要说素质,思想政治素质是最重要的素质。不断培养学生和群众的爱国主义、集体主义、社会主义思想,是素质教育的灵魂。思想政治教育和德育工作之所以重要,是因为它是一项塑造人的灵魂的工程,是教学生如何做人的工作。大学生德育教育是大学生形成良好道德品质的重要途径。

2. 突出德育教育在素质教育中的首要地位

21世纪被视为培养高素质人才的新纪元,在这一背景下,德育教育在塑造大学生正确的意识形态、形成以社会主义核心价值观为本的价值观体系中扮演着至关重要的角色。在素质教育的多维结构中,德育发挥着决定性和引领性的作用。思想道德素质在激发与引导人们其他素质潜能的过程中,扮演着价值导向和调节的作用,它对个人的综合素质具有决定性影响。因此,思想道德素质——以理想、信念、道德、世界观、人生观、价值观为核心内容——是构成个人素质系统中最具影响力的要素,它直接关系到个体的为人处世原则。

加强大学生的德育教育是培育高素质人才的必然要求。依据人才培养的普遍规律,大学生在校学习阶段是其世界观、人生观、价值观形成的关键时期。在此阶段强化德育教育,对于确立他们正确的世界观、人生观、价值观具有决定性的作用,对于提升他们识别和抵制错误思想倾向的能力,具有至关重要的影响。

当前大学生容易受到互联网等新兴媒体的影响,由于缺乏丰富的社会实践经验,他们可能无法正确理解和处理网络及其他新闻媒体报道,容易产生偏见,这可能会影响他们的世界观、人生观和价值观。此外,这种影响可能导致他们在政治信仰、思想信念、社会责任感、艰苦奋斗精神以及团结协作意识等方面出现迷茫、糊涂、缺乏和淡化等不良倾向。鉴于当前大学生所处的成长环境,加强德育教育显得尤为必要。

3. 帮助学生成为国之栋梁

在大学阶段加强对大学生的德育教育,能使他们具备良好的思想道德品质,真正成为国家的栋梁之材。教育是民族振兴、社会进步的基石。人生下来就需要学习,接受各种各样的教育,学习和教育是伴随人的一生的。教育也是提高国民素质、促进人的全面发展的根本途径。德国教育家凯兴斯泰纳主张"国家的教育制度只有一个目标,那就是造就公民"。坚持德育为先,不断推进素质教育,是教育改革发展的战略主题,也是贯彻党的教育方针的时代要求。

塑造人的精神和铸造人的灵魂是时代赋予教育的重要任务。不少人往往有这样一种思想误区,即把学生道德的有无,局限在对人的意志与行为是否有限制与防范上,将道德教育变为空洞的说教和粗暴的灌输。这种观点通过强硬的纪律约束、严密的管理程序、量化的评价手段和无情的惩戒措施,严格地控制了学生的道德行为和道德成长,无视人的价值内涵和精神品性,把本应温情脉脉的道德教育变为琐碎的行为训练和消极防范。

毋庸置疑,信息时代对人的要求之高是前所未有的,道德的社会作用之大是前所未有的,道德教育的紧迫也是前所未有的。人的全面发展首先是德育的发展,因此学校教育不可能少了德育。

学校德育的职能主要是输送和升华。家庭教育应保证学生融入集体,循着正途奔向人生的海洋。学校德育是个系统工程,整个人生道德、行为习惯的养成主要是在学校教育阶段获得。学校德育是人生道德发展过程中最重要的一环,因此每一位教育工作者都应认真贯彻落实党和国家的教育方针,始终把德育工作作为学校工作的首要任务来抓,为把每个学生都培养成对社会有用的合格公民而努力。

二、高校德育载体

(一)高校德育载体的含义

载体原本是一个科技术语,最早出现于化学领域,后被广泛应用于科学技术领域。载体系指某些能传递能量或运载其他物质的物质,如工业上用来传递热能的介质,也泛指能够承载其他事物的事物,如语言文字是信息的载体。在人文社会科学领域,载体被人们定义为承载知识或信息的物质形体。

学术界对高校德育载体的内涵研究,主要观点有:①德育实施论,德育载体从广义上讲,是一切实施、促进德育实施的附着物、加入物、催化物的总称,从狭义上讲,主要是指德育实施;②活动过程论,德育载体就是在德育过程中能载运教育因素的活动及过程;③形式手段论,认为德育载体是德育中能够承载并传递德育信息、内容的某些形式和手段;④德育中介论,认为德育载体是联系主体与客体、内容与形式、内外与外化的一种中介;⑤德育条件论,认为德育载体是德育实施的前提条件。从不同的角度审视德育载体,自然会得出不同的概念认知。

德育载体的本质是应德育活动之所需,既能承载传输德育信息又能为德育活动提供必要条件的物质形体。这种物质形体既可以体现为有形的或显性的事物,如教材、电脑等,也可以体现为无形的或隐性的事物,如校风学风、优良传统等。德育载体的本质属性决定了它在功能发挥上展示着不同的风貌。按照唯物辩证法的原理,某物的属性的表现一方面由其内在规定性所决定,另一方面将随某物与他物的关系的具体变化而变化。

因此,德育载体的内涵,既由德育主体的具体需要而确定,又由德育客体的价值期待所呼应。比如,教育者可以依据课程教学实际选择适宜的方式方法,而受教育者对教育者所采取方式方法的欢迎和接受程度则取决于内在的认知结构与关注兴趣。

由于教育活动本身具有强烈的主观性、复杂性和不可预测性,也由于德育过程中存在的理性因素与非理性因素、确定性与不确定性的纠缠,更由于社会环境对德育对象及德育活动的影响,高校德育载体为适应德育主客体的需要,在功能发挥及体现形式上展示着不同的面目,在德育活动过程中扮演着不同的角色。作为德育内容、方法、手段和过程的物质基础,德育载体承担着提供和储备德育物质条件的任务;作为高校德育信息的承载者和传输者,它体现着德育方式方法,充当德育过程要素的中介和社会思想道德规范的传达者。比如作为教学载体中的课程体系、教材等都包含着国家关于德育目标、德育内容等方面的明确要求;作为显现德育活动的物质形体,它与被承载的德育信息构成一个和谐完整的德育运动系统,共同作用于德育活动的实施、德育目标的达成,因为没有德育载体,被载的德育信息就无法传达,也无法现身。

因此,从外在的表现看,德育载体的运动就意味着德育活动的实施、德育途径的选择。比如重要纪念日纪念活动,既是德育的实施过程,也是一种德育载体的运动方式,还是德育实施途径的真实反映。因而,德育载体及其运动是一种多元意义的集合体,它不仅仅是为了传达德育信息、体现中介作用而存在,它也内在于德育活动所必须,体现着人们对德育世界的表述、追求和向往。

从矛盾运动角度看,德育教育是一个各种要素相互联结和相互转化的整体和过程,是一个系统性的完整的活动过程。载体要素的存在使这一活动过程充满了无穷的变数,载体的运动、变革与创生,推动着德育活动的发展与进步。高校德育载体的内涵极为丰富,需要跳出传统的就方法而方法的研究窠臼,从新的角度新的视野重新审视它的内涵、功能、地位与作用。

（二）高校德育载体的作用

1.纽带功能

德育作为一种教育活动,和其他教育一样,既需要有教育者,也需要有受教育者,而且还需要有一种纽带把两者有机地结合起来,这种纽带就是德育的载体。授课、网络、报纸、广播、社团、班集体等,都是载体,没有它们作为桥梁,德育的教育者和受教育者之间就发生了断裂,德育内容自然无法传输到受教育者那里,德育作用也就无法发挥出来。

2.反馈功能

德育的效果如何,受教育者对此如何反映,这是高校德育工作者必须清楚知道的内容,只有这样,才能不断改善德育的内容、形式、方法和手段,使之与受教育者相适应。而德育载体具有反馈功能,通过德育载体,可以立即了解受教育者的反应,比如,通过对网站的浏览数字统计,可以看出学生对网站是否喜欢、某些德育节目是否受学生欢迎;通过参加社团的人数,可以推测出某个社团的德育是否成功;教师通过学生对授课的反应,可以了解学生对其教育的认可程度。

3.交叉强化功能

高校德育的核心目标在于提升大学生的思想品德,确保他们在精神层面能够健康地成长。因此,德育具有显著的导向功能,它通过系统和有目的的教育活动,引导大学生在识别正确与错误、正义与邪恶的基础上,积极肯定并倡导真善美,明辨并批判假恶丑,并朝着正面和科学的方向发展。

然而,德育并非一次性的教育过程,受教育者不会立即接受并转化为行动。相反,它需要通过不断地强化和重复教育,才能确保受教育者在思想上得到真正的教育和提升。德育的实施得益于其载体的多样性,这种多样性使得德育载体之间存在交叉效应。当某一载体传递特定主题内容给受教育者时,其他载体也会对同一主题产生影响。例如,当广播进行集体主义的宣传时,网络、报纸、电视、宣传栏等也可能围绕这一主题进行宣传,从而对受教育者形成一种立体的、全方位的影响。在这种"润物细无声"的过程中,受教育者会在不知不觉中经历潜移默化的变化,最终达到德育的预期效果。

4.固化功能

虽然有的载体是有形的,有的载体,如广播、网络,是无形的,但是,它们都有一种固化功能。即它们被挑选为载体,是因为它们都有一定的稳定性,可以在一定的时间内存在,可以长期被使用,而不是转瞬即逝,更不是一次性的,而且有的针对同一内容,还可以反复展示,如报纸、多媒体、网络,它们具有可重复性,对于德育的强化起到了一种稳定的支持作用,有利于把德育充分贯彻下去。

(三)高校德育载体的类型

高校德育教育是高等教育体系中至关重要的组成部分,其重要性不言而喻。它不仅关乎学生个人的品德修养,更关系到社会的和谐稳定与国家的长远发展。在实施过程中,高校德育教育主要通过课程载体、管理载体和文化载体这三大途径来达成其培养目标。

1.课程载体

课程载体作为高校德育教育的基础,通过不同种类的课程形式,系统地培养学生的道德品质、社会责任感和个人品德。

(1)思想政治理论课程。这是高校德育教育的核心课程,它涵盖了马克思主义理论、中国特色社会主义理论体系等关键内容。通过系统的教学,学生不仅能够掌握这些理论知识,更能够深入理解社会主义核心价值观,形成坚定的政治信仰和道德观念。

(2)专业课程中的德育渗透。专业课程不仅是传授专业知识的场所,更是培养学生职业道德和社会责任感的重要阵地。在专业课程的教学中,教师应积极挖掘课程中的德育元素,使学生在学习专业知识的同时,也能够在潜移默化中受到道德教育和引导。

(3)通识教育课程。通识教育课程通过文学、历史、哲学等人文学科的教学,培养学生的人文素养和批判性思维能力。这些课程有助于学生拓宽视野,增强对道德和文化价值的认识,从而形成良好的道德品质和社会责任感。

(4)实践课程。实践课程是德育教育的重要组成部分,它包括社会实践、志愿服务、实习实训等多种形式。通过实践活动,学生能够在真实的社会环境中体验和学习道德规范,增强社会责任感和实践能力。

2.管理载体

管理载体通过高校的管理制度和组织结构来实现德育教育的目标。它涉及学生事务管理、辅导员制度、学生组织和社团以及奖惩机制等多个方面。

（1）学生事务管理。学生事务管理是高校德育教育的重要支撑，它涉及学生的日常生活、学习、心理等方面。通过科学的管理和服务，学生事务部门能够帮助学生解决各种实际问题，培养学生的自我管理能力和团队合作精神。

（2）辅导员制度。辅导员是学生思想政治教育的重要力量，他们通过日常管理和指导，帮助学生解决思想困惑，引导其形成正确的价值观念。辅导员的工作对于培养学生的道德品质和社会责任感具有至关重要的作用。

（3）学生组织和社团。学生组织和社团是学生自我管理、自我服务的重要平台。通过参与各种社团和组织活动，学生能够锻炼自己的组织能力、领导能力和公共参与意识。同时，这些活动也能够培养学生的团队合作精神和集体荣誉感。

（4）奖惩机制。奖惩机制是德育教育的重要手段之一。通过合理的奖励和惩罚措施，能够引导学生遵守社会规范，形成良好的行为习惯。同时，奖惩机制也能够激励学生积极向上、追求卓越。

3. 文化载体

文化载体通过校园文化和精神氛围来影响学生，使其在潜移默化中受到熏陶和教育。

（1）校园文化活动。校园文化活动是校园文化的重要组成部分，它包括文化节、艺术节、学术讲座等多种形式。这些活动不仅丰富了学生的课余生活，还能够提升学生的文化素养和审美情趣。通过参与校园文化活动，学生能够在轻松愉快的氛围中感受到校园文化的魅力。

（2）校园精神。校园精神是高校的灵魂和核心，它体现了高校的办学理念和价值追求。通过培育和传播校园精神，能够引导学生形成正确的价值观念和行为准则。同时，校园精神也能够激励学生追求卓越、勇攀高峰。

环境育人：环境育人是指通过校园环境的美化和文化氛围的营造来影响学生。优美的校园环境能够让学生感受到宁静和舒适，有利于他们专注于学习和思考。同时，文化氛围的营造也能够让学生在潜移默化中受到熏陶和教育。

（3）网络文化建设。随着互联网的普及和发展，网络文化已经成为校园文化的重要组成部分。高校应积极利用网络平台传播正能量、弘扬社会主义核心价值观，引导学生形成正确的网络行为习惯和信息素养。同时，高校还应加强网络安全教育和管理力度，确保学生在网络世界中的健康成长。

通过这三大载体的综合运用和协同配合，高校德育教育能够更全面、深入地影响学生,帮助他们形成健全的人格和良好的社会适应能力。未来,高校应继续探索和创新德育教育的方法和途径,以适应学生成长的需求和时代的发展变化。同时,高校还应加强与其他教育机构的合作与交流,共同推动德育教育的深入发展。

(四)高校德育载体建设的渠道

1. 改进已有载体

我国高校德育在长期的探索中,已经形成了一些行之有效的载体,如校园广播、班集体、社团报纸、宣传栏等,这些载体在高校德育中发挥了重要的作用。但是,当今世界日新月异,一些传统载体对于飞速发展的世界形势无所适从,弱化了载体应有的效能。因此,面对新形势新情况,这些传统的德育载体必须在内容、形式、方法、手段、机制等方面努力进行创新和改进,特别要在增强时代感,加强针对性、实效性、主动性上下功夫:要发挥各自的特色,把握大学生的时代脉搏,做到让他们愿意看、愿意听和愿意读,增强德育载体的吸引力和凝聚力。

2. 发展新兴载体

"在智慧教育背景下,利用数字时代新的要素,使数字技术全面融入日常德育教育,促进德育教育载体运行方式的科学选择和创新运用,构筑德育智慧教育,是增强高校德育实效性和吸引力的迫切要求。"[①]当今的时代是信息的时代,科学技术的发展为德育教育提供了新的载体,如多媒体、网络、可视电视等。这些载体具有时效性强,传输速度快,容量大,便捷省时,节约成本,减少师资的优势。总的来说,这些新兴载体的积极作用还是占据主要方面,因此,应该在继承和发扬优良传统的基础上,创造条件,大力发展多媒体、网络、可视电视、卫星教育等载体,并积极探索。要发挥其长处,也要防止其负面作用的产生。

3. 加强载体间的互动

任何一种载体,无论是网络、多媒体、电子出版物,还是报纸、广播、宣传栏,它们尽管各有优势,但是,单一一种载体的作用还是有限的。比如,如果只依赖网络,大学生与德育工作者没有直接的交流,大学生的真实想法怎样,仅凭 BBS 上的情况或者一些网站内容的反馈信息是不能全面了解清楚的;而授课情况下,学生不愿意当着很多人的面向老师谈自己的心事或者想法,老师也难以对症下药。而载体

---

① 王松岩. 智慧教育背景下高校德育载体的实践创新[J]. 北华大学学报(社会科学版),2022,23(05):135.

立体互动就能实现互补性,如网络发挥时效性,报纸发挥流通性,壁报发挥方便性,咨询发挥针对性,授课发挥引导性,只有这样,才能形成一种"合力",确保德育能真正发挥作用。

4.探索载体嫁接

载体嫁接不同于载体间互动,尽管它们的目的是一样的,即发挥彼此的最大作用。但是,载体嫁接不是通过彼此间互动来发挥作用的,而是通过把一种载体嫁接在另一种载体上,形成一种复合载体来发挥作用的。任何一种事物,都有其一定的局限性,高校德育载体也不例外。因此,通过载体嫁接实现载体的最优化必将有助于载体发挥其德育作用。当今高科技迅猛发展,为人们进行德育嫁接提供了科技手段。比如,可以实现报纸网络化、电视网络化,也可以建立大学生个人与德育工作者的单个联系通道,加强针对性教育。

第三节　高校德育教育的主体与发展

"高校作为培养高端人才、增强国力的重要基地,其德育教育不容忽视。"[①]德育教育的主体,即教育者与学生,在德育过程中扮演着至关重要的角色。他们之间的互动、交流以及共同成长,构成了德育教育的核心。研究高校德育教育的主体与发展,不仅有助于深入理解德育教育的本质和规律,还能为提升德育教育质量、促进学生全面发展提供有力的理论支持和实践指导。

一、高校德育教育的主体

在道德教育过程中,教师和学生作为主体同时参与进来,围绕德育目标,通过对德育课程资源的分析、理解、体验和共享,实现师生双方的共同成长。在德育过程中,师生关系应该是一种主体间性的关系。

（一）教育主体的认知

1.教师的认知

教育以学生为本,办学以教师为本。教师是完成学校教育任务和实现学校职

---

①孙晓.基于知行合一德育观的高校德育教育问题及对策研究[D].西安:陕西科技大学,2012:12.

能的主要承担者,是学校的第一资源,是学校最宝贵的财富,是学校生存和发展的根本。好的学校,必须以好的教师为支撑。现今,学校教师作为学校的主导力量,是提高教育质量的决定因素。

(1)教师的角色定位。新时代对学校教师提出了新的要求,学校教师要转变自身角色定位,更好地迎接新时代的挑战,更好地育人育才。

第一,由知识的传授者转变为学生学习的引导者。学校刚成立的时候是以教学为主的,教学中的主要角色是教育者,教师主要负责的是为学生传授知识。但是,新时代环境下,教育发生了变化,教师除了继续向学生讲解知识之外,也要关注学生的成长、学生的心理发展。

教师在学生学习旅程中扮演着引导者的角色。教师不仅要传授知识,还应指导学生掌握恰当的学习方法,激发学生主动探索知识、勇于质疑和思考,鼓励学生运用自己的思维去理解并创新知识。在互联网时代,学生能够通过多种渠道获取信息。通常情况下,学生可以利用网络平台进行自主学习。然而,面对复杂的知识体系或知识创新的需求,学生则需要教师的引导。在这种情况下,教师需要掌握并运用现代技术手段,以协助学生持续探索和创新,强调掌握学习方法比单纯获取知识更为关键。

教师也应当成为学生成长道路上的推动者。在向学生传授知识的同时,教师还需激励学生学习,进行教育性管理,并提供思想上的引导和陪伴。换句话说,教师的职责不仅在于教学,还应关注学生思想品德的提升。特别是在互联网时代背景下,教师应更加重视学生个体价值和独特性的发展,致力于促进学生的全面成长和发展。

第二,从课程的执行者转变为课程的建设者与开发者。教学发挥作用的过程中,需要依赖于课程作为载体,课程也是师生进行思想交流互动的基本渠道,课程讲授过程中教师不会完全局限于教材当中的内容,而是会对教材内容进行一定的拓展,以此让知识和内容更加适合学生的学习需求,以及学生的思维发展。相比于学生之前的学习,学校课堂更加自由,师生之间可以更加自由更加开放地探讨学习内容。不仅如此,教师也会在课堂上给予学生更多的机会,让他们自由地表达想法。由此可见,教师角色想要转变,还需借助于课程开发、课程完善,如果教师可以让课程内容与时俱进,那么学生就可以在课堂当中获得更为优质的体验。除此之外,教师提供与时俱进的内容也可以丰富自身的见识,提升自身的能力。在新时代的环境下,教师除了承担课程内容的传授者的职责之外,也要变成课程的开发者和建设者,转变自身角色,为学生提供更加优质的课程内容。

第三,教师的角色正经历从传统"教书匠"向教育教学的研究者和反思实践者的转变。随着信息技术的迅猛发展,学习环境已经演变为数字化环境,这种变化要求教师更新教学方法,创新教学策略。教师的职责不仅限于传授书本知识,更重要的是通过教学活动促进学生的全面发展。为了有效完成这些教学任务,教师必须深入研究教学理论,反思自身的教学实践,使课堂教学更加贴合学生的成长需求。教师应当针对关键教学问题进行深入反思,分析教学难题产生的原因,并运用科学的教学方法和与时代发展同步的教学理念,确保教学活动能够真正促进学生的全面成长。

(2)教师角色的转变。教师被誉为人类的工程师、人类文明的传播者,教师一直承担传播知识、思想,塑造学生的时代责任。在人类发展过程中,教师的角色一直是多种多样的,也一直承担着时代发展的重任。此外,学生除了知识学习之外,还要了解人际交往,还要积累生活经验,学生在这些方面的成长依然需要教师作为指引者。所以,教师需要明确自身职责,注重自身经验的积累,在实践过程当中,不断地强化自己的育人本领。

第一,转变思路,更新教育观念。人的行为受到观念的指引,教师使用的教育观念一定会影响自身教育行为。在大数据时代的环境下,教育活动可以使用的方法、手段更多,教学过程中也出现了新的挑战、新的考验,这些情况的出现需要教师结合实际教育需要去探索、去创新。所以,当下的环境中,教师必须转变自身的角色定位,主动跟随时代发展,不断地进行教学方面的探索创新,为教学注入新鲜血液。教师在开展教学活动或者投入科研工作的时候,需要明确自身作为教师的社会责任,需要使用适合当下时代发展的教育观念,引导学生,帮助学生成长。

教师更新教育观念的时候要注意大局意识的树立。教师要承担自身的责任,教育培养出全面人才,为教育目标的实现,为培养出合格接班人而努力奋斗,教师必须意识到自己的职责,要意识到自己这个职位的重要性。教师是学生成长路上的重要指导者,教师应该遵循人才培养目标去培养学生,为教育活动的开展投入精力,为学生成长提供精准的教育内容、正确的教育方法。

教师不能把分数至上当作教学观念,必须改变以前唯分数论的教学思想,创新教学方法,致力于培养出身心全面发展的当代学生,只有致力于学生的身心发展,才能培养出德才兼备的学生。

第二,以生为本,加强师生互动。当前,教师队伍趋于年轻化,新鲜血液的注入使得师生关系更加紧密。在这样的背景下,师生之间的互动更为频繁和深入。通过有效的互动,教师能够更准确地把握学生的真实想法和他们的世界观、人生观以及价值观。基于这些了解,教师可以更好地从学生的角度出发,实施因材施教的策略,同时利用自身的引导作用激发学生对学习的兴趣,促使学生主动并积极地参与到学习中来。

此外,教师还可以更深入地参与到学生的日常生活中,与学生进行更多的日常交流,相互分享对生活的理解和体验。在这一过程中,教师不仅可以向学生传递丰富的人生感悟和经验,而且双方还能在互动中实现共同成长和进步。

(3)教师的社会角色。社会角色主要是社会学上的一个概念,包含两个方面的含义:①社会角色是一套行为规范,即社会对特定地位的人做出的权利、义务、行为的规定;②社会角色是一套行为期待,社会之所以要对特定社会地位的人作出行为模式的规定,就是希望他按照这一行为模式办事。由此可见,社会角色实际上就是对具有特定身份的人或人群的行为活动的规范和期望,它构成社会群体或组织的基础。教师作为社会的一个特殊群体,具有特定的社会角色。

(4)教师的专业发展。教师这个职业相对特殊,社会中还没有专门的机构对教师进行培养,虽然师范教育专业承担了一部分的教师培养责任,但是,师范教育专业对教师进行培养的时候主要针对的是中学教师、初中教师,并没有包含教师的培养内容。换言之,虽然学校为社会培养了各种各样的人才,但是,没有开设与培养教师有关的专业,虽然在选拔教师的时候会要求相关的专业、相关的经验,但想要成为非常优秀、有能力的教师,还是需要长久的在职培养的。

在 20 世纪 90 年代的时候,我国的研究学者慢慢地注意到了教师的个人发展问题以及教师的培养问题,我国的教育领域也开始把教师培养当作重要的发展议题进行讨论,后来我国慢慢地建立了与教师发展有关的概念,并且开始对教师发展这一概念的内涵进行研究。通常而言,教师发展包含各种类型、各种方式的教师能力提升,在这样的情况下,相当于教师要进行终身学习、终身提升。如果从狭义的角度进行理解,可以将教师发展理解成对刚开始进入学校工作的教师进行能力方面的培养,让教师尽快完成自身角色的转变,更好地适应这个职业。从学校的角度而言,对教师进行在职培训、注重教师的发展可以让教师更好地适应学校工作。

第一,青年教师先要站稳讲台。自 20 世纪 80 年代末至 90 年代初,我国教师队伍经历了新老交替的阶段。许多经验丰富的老教师逐渐离开了教学一线,而一大批刚刚毕业并留校任教的青年教师开始接替他们的岗位。这一时期,学校师资队伍面临青黄不接的局面,青年教师在教学经验尚不丰富的情况下直接承担教学任务,这在一定程度上对教育质量产生了影响。

进入 21 世纪后,随着教育事业的跨越式发展,学校教师队伍的构成发生了历史性的变化,大量青年教师成为教学和科研的中坚力量。然而,这些新加入的青年教师虽然普遍具有较高的学历和活力,但他们中的许多人课堂教学经验不足。加之学校连年扩招,师资队伍的数量相对不足。由于教学任务繁重,课时量大,青年教师往往还没来得及进行充分的准备和充电,就需要迅速开始教学工作。

目前,学校对教师的评价体系普遍偏重科研能力,导致青年教师将主要精力投入到科研项目和论文发表上。然而,人的精力是有限的,在当前的教育发展态势和评价体制下,教学往往成为首先被牺牲的部分。

此外,部分学校对于青年教师的培养是重视的,采取了岗前培训、出国进修、基本功大赛、全员听课、教学团队建设等措施,取得了一定效果。但与青年教师数量迅速增加以及新时期学校教育教学工作对青年教师的要求相比,尚有较大差距。同时,青年教师本人生活压力很大,易分不清主次。如果青年教师许久还站不稳讲台,不能给学生传授好课程,就失去了当教师的意义。其实,很多刚入职的青年教师虽是博士毕业,但由于一直进行的都是专业课程学习,科研的思维一直占主导,缺少师范类课程的训练。虽然对于专业知识了解透彻,但一上讲台就发蒙。他们也希望自己能够很快过教学关,把课上好,成为新一代优秀教师。

第二,正确处理科研和教学之间的关系。学校能够良好发展主要依托于教学工作、科研工作,教师除了日常的教课之外,也要参与科研工作。从理论的角度进行分析,教学和科研是相互促进的关系,但是,无论是教学工作还是科研工作都需要教师付出时间和精力,所以教学和科研有的时候会互相矛盾。学校的发展离不开科研工作,学校想要教学水平有所提升,就必须依赖一流的科学研究,科学研究是学校进行创新的根本,学校在发展过程中,不进行创新就没有办法培养出优秀人才,也没有办法培养出优秀教师。除此之外,作为教师,想要提升自身的水平不能仅仅依赖于听课的方式,还要真正地实践,真正地动手,真正地参与科研。对教师提出科研方面的要求其实是为了助力科学发展,也是为了提高教学质量,只有参与科研活动才能获得学问、获得知识,才能创新思想。

教师想要做好教学和科研之间的关系协调,需要考虑自身条件,科学地分配自己的精力和时间;教师想要开展科学研究,就必须先做好基本的教学工作,在此基础上,去进行科研项目的研究,提升学校的教学质量、教学水平。正确的做法是同时进行教学和研究,让教学成为研究的指导,让研究成为教学的实践。教师可以利用科学研究的方式了解学科的发展动态,了解社会对人才的最新需求,在了解的基础上,为学生作出正确的指引。对于年轻教师而言,正确看待科研和教学之间的关系是尤为重要的,只有有了正确的认识,才能做出正确的行为。教学工作、科研工作的开展都要求教师投入精力、投入时间,在真正进行选择的时候,教师还要结合实际情况,如果学校本身有非常强的科研能力,能够为自己的科研提供硬性条件方面的支持,那么就可以将更多的精力放在科研方面。

反之,如果学校自身的科研水平有限,那么教师应该尽可能将自己的注意力时间放在教学方面。除此之外,年轻教师还要思考自己擅长哪个方面,如果自己擅长教学,那么可以将更多的时间和精力放在教学方面;如果自己擅长科研,那么可以将自己的时间和精力放在科研方面。一个在教学方面取得良好成果的教师不一定会在科研方面也获得优秀的成果,同样的道理,在科学研究方面取得大量成就的教授不一定能够很好地开展教学活动。作为年轻教师,必须认真思考这些问题,然后决定自己成长过程当中的侧重点,这样才能避免自己走过多的弯路,才能尽快找到自己的职业发展方向。当然这一切的前提都是教师必须把教学当作基本任务、首要任务,在此基础上去正确看待科研和教学之间的关系。

2.学生的认知

有意识地培养学生的自我认知能力、自我提高能力和自我完善能力,对学生个人素质的培养,要在潜移默化的教学过程中培养学生的团结协作能力、团队服务意识。此外,要采用多样化的方式对学生进行评价,为学生的个性发展提供充足自由的空间,从而引导学生学会正确地认识自我、评价自我、控制自我和设计自我,提高学生的创新能力,为学生踏入社会、适应社会的发展提供良好的条件。

(1)学生个性发展。在多元化和快速变化的社会背景下,如何促进学生的全面发展,同时尊重并培养其独特个性,已成为教育工作者和社会各界共同关注的焦点。个性发展不仅关乎学生个体的成长幸福,更是社会创新与进步的重要基石。

第一,转变传统教育观念。现代社会对人才的需求是具备较强的创新能力、适应社会的能力、实践能力等,因此,在教学过程中,要转变传统的教育观念,树立新的人才观,并采用多种手段激发学生参与的积极性。由于每个学生的生活环境、性格气质、对知识的掌握能力、生理发育状况等各方面有很大的差异,因此,需要根据这些差异转变教师的教学观念和教学方法,在实际教学过程中做到因势利导、因材施教,从多方面提高学生的学习成绩、创新能力等,让学生的才能和天赋得到充分的发挥,为国家和社会提供德智体美劳全面发展的优秀人才。

第二,树立民主平等观念。在教育中,对师生关系要树立民主平等的观念。教师要学着尊重学生的独立性和自主性,把学生当作一个独立人格来看待。学生也要尊重教师,在尊师重教的基础上,向教师学习,提高自身的能力。在教育过程中,要摒弃传统的教学方法,建立起相对平等、民主和相互尊重的师生关系,培养学生树立自尊、自信、自立、自强的信念;改变传统的教学评价方式,要多样化、丰富化;为学生提供充足的发展空间,例如,根据学生的学习兴趣设立相关课程、激发学生自主选修课程、开展相关讲座沙龙、提倡学生跨校听课等,从而培养学生发展创新的能力,促进学生的个性发展。

第三,关注特殊学生群体。学校中的教职工,都应该针对学生的个性特征,充分发挥学生的潜能。教师要激发学生,让学生的潜能得到实现。因此,需要对学生进行教育和指导,重视潜能的培养、个性的发展,充分体现以学生为中心的教学原则。但面对一些特殊的学生群体,如不合群、内向、以自我为中心的学生,就需要教职工对他们给予更多的关注,了解他们的具体情况,提出相应的解决方法。

(2)为学生个性发展提供自由空间。在改革开放全面推进之后,社会的开放程度明显提高,人们的思想也变得更加开放。在这样的环境下,人们更加注重个性的发展,与此同时,社会步入了知识经济时代,更关注创新型人才,这使得教育也开始注重学生的个性发展,为学生的个性发展提供了更充分自由的空间。

第一,个性与个性发展。个性是指个体心理特征中相对稳定的一部分,它能够体现个体在情感倾向上的独特性。个性的形成受到遗传、学习、成长等多种因素的影响。个性特征主要表现在学生的需求、兴趣、性格、价值观以及能力等方面。个性的形成以生理特征为基础,社会环境中的主体与客体相互作用的过程促进了个性的发展。一个成熟的个性意味着个体具备了特定的技能和能力,反映了个体需求层次的提升,以及个体兴趣爱好和价值观的形成。

个体的个性发展不仅对自身的成长有益,也对社会的进步具有积极作用。首先,个性得到充分发展的人会更加积极主动,他们拥有积极向上的内在动力,这使得个体更有可能成为有才华、成熟的人。其次,个性的充分发展能够推动社会的发展和进步。社会是由个体组成的集体,但不是个体努力成果的简单总和,而是集体共同发展的结果。个性的发展有助于扩大集体的经验范围,从而促进人类整体的发展。在我国计划经济时代,对个性发展的重视不足,过分强调教育的统一性。为了纠正这种偏见,我国应当更加支持学生个性的发展,为学生提供有利于其个性成长的环境。

第二,自由与个性发展。班级教学知识在学校教育当中的应用极大地提升了学生的培养效率,但是班级教学的教学模式非常单一,而且所有的学生都要遵循规章制度当中的约束,这使学生从教育当中获得的自由越来越少,培养出来的学生越来越统一。在这样的情况下,人们意识到了自由缺失的严重性,开始倡导教育要关注学生自由,关注学生个性成长。自由的解释有很多种,本书中的自由指的是人在社会活动中具有的活动自由。在步入现代社会之后,个体有越来越大的活动空间,在社会活动空间当中个体自由不能妨碍他人的正常活动,换言之,这种自由是需要承担一部分责任的。首先,它不可以影响他人自由活动的基本权利;其次,个体需要承担自己自由行为带来的后果。

总而言之,这种自由属于消极自由,它有权利不被别人干涉,但是它又不是完全的消极自由,它在享受不被别人决定的同时,也在试图去冲破外在枷锁和限制,想要去努力,所以它也有积极自由的成分。消极自由在一定程度上为个人的成长与发展提供了基本保障,但是,它也为自由发展设置了责任,让自由有了一定的约束,避免了个人的我行我素。

第三,教师自由与学生个性发展。教师自由是指学校应对教师实施相对宽松的管理,赋予教师一定的自主权,使教师能够自由选择教学内容和教学方法,从而在教学过程中展现个人的教学特色。教师自由能够在无形中对学生的个性发展产生积极影响。缄默知识概念为知识理论带来了新视角,科学地阐释了教师个人素质的重要性以及教师以身作则的有效性。波兰尼将知识分为两大类:第一类是缄默知识,即难以用语言表达的知识,这类知识具有情境依赖性和个人独特性,其影响力是间接且深远的;第二类是明确知识,即能够通过语言明确表述的知识,通常指教材中的知识。明确知识主要涉及认知层面,而学生的性格形成主要受日常实践活动的影响。

一般来说,教师的教学风格能够对学生的气质和性格产生影响。教材中的缄默知识需要通过教师的讲授来传递和激活。如果学生对教师的教学风格产生好感,那么教师的教学就可能对学生的性格和气质产生正面影响。

第四,学生自由与个性发展。学生自由包括两方面的内容。首先,学生自由指的是学生可以在学校举办的教育活动当中自主地参与活动,换言之,学生会获得更多的教育主动权、教育自主权,他们掌握了他们权利范围内的教育自由。但是,之前的传统教育模式更加注重教师权威性的树立,强调教师是绝对正确的,在这样的情况下,学生的主体性没有得到重视,学生往往是知识的被动接受者。在这样的情况下,培养出的学生没有较高的创造能力。其次,生活自由,指的是生活方面学生具有的自由。学生的自由是在某个范围之内的相对自由。

学生自由为学生创造了一个更加和谐协调的生活环境,在这种环境中,学生的角色发生了转变,从被动的教育接受者变为主动的参与者。在教师的引导下,学生能够自由地、自主地参与学习和生活,摆脱了被监视和被处罚的压力。获得自由的学生可以自由表达自己的想法,而不会因为观点的独特性而受到惩罚。事实上,学生在展现个性时可能会得到教师的鼓励和奖励,这有助于学生个性的塑造和创新能力的提升。

当学生拥有更多的自由时,他们的学习时间和空间将得到释放。学生可以自主管理和支配额外的时间,这些闲暇时刻往往是个体之间差异显现的重要时段。最初,人类正是利用闲暇时间进行学习,学习行为促成了人类个体间的差异。如今,学生完全可以利用业余时间,学习自己感兴趣的领域知识,培养爱好,拓展视野,建立正确的人生观和世界观。在业余时间里,学生还可以参与阅读、社交和娱乐等活动,这不仅能够调节日常学习节奏,还能从多方面增强学生的自信心,激发学生内在的积极性和潜能,促进学生能力的全面发展。

赋予学生自由的同时,也要求教师转变自己的工作角色和地位。在教学过程中,教师与学生处于平等的地位,教师更多地扮演学习指导者的角色,而非传统的监督者和决策者。在这样的教学环境中,学生能够进行自主学习,自由地处理遇到的生活问题。然而,自由的获得也意味着学生需要承担更多的个人责任,要求学生在面对选择时进行深思熟虑,认真对待每一个决定。例如,在挑选学习内容时,学生应同时考虑社会需求和个人兴趣。当学生获得更多的主动权后,他们的积极性和主动性能得到提升,这不仅有助于学生积极地表现自我、彰显个性,而且在个性自由发展的过程中,学生也会提升自我需求层次,不断注重自我能力的提升。

第五,学术自由与学生个性发展。学术自由最重要的方面有两个:①思想自由;②言论自由。思想指导行动,思想的发展会直接影响学生的个性发展,只有学生具有了独立的思想,学生才能是有个性的学生。学校注重学生对知识和真理的掌握,但是无论是知识还是真理都存在相对性,知识和真理是不断完善、不断优化的,而且个人对知识和真理的理解角度不同,也会形成多样的理解结果,所以,个体的思想必须承认这种多样性,只有承认多样性,个体才能是个性发展的。学校应该允许学生自主进行知识的探究、自主选择知识的了解角度,如果这个时候学校还对学生进行自由压制,没有给学生自主探究的机会,那么学生就没有办法形成独立的思维,也没有办法成为有个性的人。

第六,管理自由与学生个性发展。学校属于学术机构,它的发展规律决定了学校应该在某种程度上进行自治,学校展开依法自治,可以提升民主氛围,为学校师生的发展提供更加自由的环境,是教师自由、学生自由以及学术自由的根本保障,有助于学生的个性成长。

总而言之,如果想要为学生的个性成长创造更优秀的环境,那么需要做到学生自由、教师自由以及学校的治理自由。教育应该先把学生看成独立成长的个体,虽然自由具有双面性,但是,如果可以合理地运用自由,那么能更大程度地促进学生发展,也能使学校更好地发展。学校应该从尊重学生的角度出发为学生的个性发展提供自由的环境,真正做到学生全面发展和个性发展的结合。

(二)德育主体的认知

在教育史上,针对教师和学生在教育中的地位问题,存在两种典型且影响重大的理论:①传统教育理论主张的"教师中心论";②现代教育理论主张的"儿童中心论"。20世纪80年代之前,在我国受传统"师道尊严"的观念和"教师中心论"的影响,一直将教师作为德育主体。但从20世纪80年代开始,我国针对教育主体,包括德育主体的问题展开讨论,相继出现了多种观点。如单一主体论——教师主体或学生主体;双主体论——学生和教师都是主体;主体转化论——教师开始是主体,然后学生逐渐成为主体。"单一主体论"是受二元思维的影响而出现的,它认为有主体必有客体。认为教师和学生不能同时作为主体。

随着社会对个体间互动认识的深入,人们开始意识到在人际交往中,每个个体都具有主体性,并相互影响。基于此,教育领域出现了"双主体论"。"主体转化论"认为,在德育过程的早期阶段,学生的主体性尚未完全形成,此时教师扮演着主导角色。但随着学生的成长,他们逐步发展成为德育的主体。这一观点考虑到了德育过程中学生身心发展是逐步成熟的过程。

关于德育主体的讨论,核心焦点在于尊重和认可德育对象的主体性。针对传统的"教师中心论",提倡学生主体性的思想是教育和德育理念的重大进步,也促进了教育实践的变革。然而,如果单一地强调学生主体性,可能会在理论和实践中导致问题出现,例如教师可能忽视或放弃其教育职责。

尽管"双主体论"和"主体转化论"都肯定了教师和学生的主体性,但"双主体论"在处理教师与学生主体性的关系上并未做出明确的区分,这可能在实际应用中造成混淆。

另外,将学生定义为德育对象,并不意味着学生就处于客体地位,不具有主体性,而强调教师作为主体也并不否认学生主体性的存在。因此,从德育过程的实行角度来看,教师是德育主体,但教师主体性的发挥是在尊重、认可和激发德育对象主体性的基础上的,换言之,是教师作为德育主体的核心恰恰在于德育对象主体性的激发与发挥。这里所论及的"德育主体"并不仅限于专门从事德育活动的教师,这类教师被称为"专门的德育者"。除此之外,还存在大量的非专门的德育者。他们同样对学生的道德发展负有不可推卸的责任,同样对他们的道德成长起着重要的作用。只不过,随着学校教育系统的不断完备与细化,现在德育被作为整个学校教育的一个组成部分,德育教师也就从教师整体中分化出来,成为专门的教师,由此非专门的德育教师也就被忽视了。但是,教育作为一个成"人"的活动与事业,其道德意蕴与目的是不可去除的,德育的目的就是教育的最高目的,教育就是德育。因此,任何教师都是德育教师。由此,德育主体既包括专门的德育者,也包括非专门的德育者。他们负有同样的德育职责与使命,区别仅在于从事德育活动的方式与内容。

二、高校师生主体的发展

随着哲学思维模式由传统"主客二元对立"到"主体间"的改变,师生关系的理论也经历了一系列的历史演变过程,具体内容如下:

(一)传统主客体下的德育主体

1.单主体

"教师中心论"以及"儿童中心论"确实都属于师生关系的单主体范式,两者之间的主要区别在于所强调的主体不同。"教师中心论"确实是以教师为单一主体,倾向于强调教师的权威和主导作用,相对地,学生的主体性在这一范式下被忽视。在这种模式下,教师在整个德育过程中占据权威地位,学生往往被要求对教师权威绝对服从,从而在一定程度上抑制了学生的主动性和创造性。

传统教育理论中的"三中心"——"以课堂为中心,以书本为中心,以教师为中心",这一表述准确地概括了传统教育模式的特征。这种教育模式强调课堂作为教学的主要场所,书本作为知识的来源,教师作为知识的传授者。然而,这种模式往往忽略了学生的主体性,限制了学生的个性发展和创新能力。

2.双主体范式

伴随着对单主体范式倾向的批判,教育界出现了另外一种观点,即双主体范式。德育活动是在人与人的交往过程中得以实现的,而在人际交往中,每一个"人"都是活动主体,相互发生着作用。在德育过程中,教师是教的主体,学生是学的主体,教师的教和学生的学是师生双边活动的体现。在教的过程中教师是主体,学生被看作是客体,是被教育和引导的一方;而在学的过程中,学生成为主体,教师是具有受动性的客体,教师的德育引导只有在学生接受的情况下,在有意识地对道德进行自主建构的过程中才能够得以实现,教师的主导作用受控于其客体的身份。在整个德育过程中,双主体范式,虽然肯定了教师和学生作为"人"的主体能动性,但他们之间"互为主客体"的双主体范式仍旧没有跳脱出"主客二元对立"的窠臼。双主体范式只是把德育活动看成是"以教师为主体的教"和"以学生为主体的学"的机械耦合,割裂了德育活动的整体性和统一性。

(二)主体间性视域下的师生关系

在主体间性视域下构建的师生关系,是对传统主客二元对立视域下师生关系模式的演进与超越。主体间性强调的是主体与主体之间的相互性和统一性,体现了两个或多个主体间的内在联系和互动。

主体间性理念认为,交往各方都应是相互尊重、平等的主体,这是其首要前提。

此外,主体间性还建立在主体间的交互性之上,即主体之间不仅相互作用,而且相互影响。

在德育实践中,教师与学生之间的关系体现了一种主体间性的存在。教师作为德育的主体,其角色以教育实践为核心,融合了实践主体性与发展主体性,反映了人类在职业角色分配中的个体主体性。学生则作为成熟的主体,其角色是实践活动与个体活动的统一,既作为认识主体,也作为发展主体。主体间性视域下的师生关系主要分为以下几种类型:

1. 关怀型

主体间性师生关系相对于传统的师生关系,不仅在具体的师生交往方式上有一定的改进,在对德育的关注点上也有一定的超越。传统的师生关系对德育的关注点只停留在了学生对教师传递的德育命令或道德规范的接受、遵守上;而在主体间性的师生关系中,更加强调德育是师生双方对道德世界和道德发展的共同经历、探索、发现、体悟和生长的过程,是师者和学者生命之共生、生命之成长的过程。主体间性师生关系将德育不再仅仅看作规范的教化,而是人的生命、人生的丰富和精神世界的生长。

关怀型德育师生关系是指师生在生命个体间的对话与交往过程中,相互关怀与相互宽容、形成了双方共有的生命世界。生命是道德的基础,道德提升了生命的质量,道德发展与人的生命成长是密不可分的。德育中的师生关系是师生之间生命与生命的对话和交流,德育活动的最终目标就是要激发人的生命活力,促进人的生命自由而全面地发展。

德育中的师生关系要时刻体现生命关怀的价值意义,德育要从对道德权威主张的强调转向对人生命主体的关注。教师要学会引导学生追寻未来美好的生活,人的生命之流既承接着过去也连接着未来,德育不仅要关注学生现在的发展也要引导学生创造未来。真正的德育不仅可以促进学生道德的自主建构,同时也有助于教师不断地自我反思,促进教师的道德学习和自我提升。师生之间不仅是简单的施教和受教的关系,更是精神成长、道德发展和生命共生的关系。

2. 对话型

对话型师生关系是在德育过程中建立的一种关系,其特点为平等、民主、开放和相互尊重。所指的对话不仅限于语言交流,更强调双方在精神层面的相互开放与接纳,是一种深层次的心灵沟通和思想碰撞。这种交流主要围绕学生的道德认知、情感、意志和行为等方面展开,旨在通过深入的对话促进双方道德境界的提升。主体间性的对话关系超越了传统师生关系中的权威和单向性,要求教师在尊重学生的基础上,耐心倾听并引导学生,通过平等的交流实现精神世界的共同成长。

师生间的道德对话是一个双向互动过程,通过平等和民主的对话方式,师生双方都能够真诚地表达自己的思想,并尝试用理性的语言和逻辑说服对方。在这一过程中,双方的认知结构不断得到改组和重建,共同创造出新的共识和理念。在对话交往中,师生双方在人格上平等,在价值上同样重要,都拥有平等的对话权利,应相互承认和尊重。在这种新型师生关系中,双方都作为具有同等地位的主体参与对话,没有任何一方拥有垄断话语权。德育对话不仅仅是对道德问题的提问和答复,也包括对道德现象和问题的深入探讨。教师应致力于营造一个真诚、平等、尊重和宽容的对话环境,与学生进行自由讨论,引导学生在倾听、欣赏、反思与评价中自主构建道德意识。

3. 理解型

在理解型师生关系中,师生分别对教育内容作出理性的认识,师生间相互宽容与体谅。理解是德育的一种最佳途径和重要方法,它体现了人与人之间的一种关系和一种宽容的心理观照。师生之间的对话和相互作用的交往都是以理解为导向的。在理解型师生关系中,教师应该以一种孩子的心理或站在孩子的角度,尝试多想想或体验孩子某种想法和举动,多留些时间倾听孩子的需要,而不是去臆断孩子的举动。在理解型德育师生关系中,教师的换位思考和移情体验都能够让教师在体验和理解学生经验的基础上,对学生做出更为适合和恰当的引导。

师生之间的理解不仅表现为师生间的相互理解和宽容,也表现为教师在教学方式上以及学生在学习过程之中对德育内容的深入领悟、理解。理解是师者达到高度融洽的表现。师生之间的理解离不开相互的认识和感情的联系,人是情感的动物,感情是联系师生的纽带,师生之间的关系是情理交融、情理相互策动、相互影响。师者热爱学生,学生热爱教师,在德育对话过程中相互理解,师生之间情理的积极互动能够缩短师生间的心理距离,取得更好的德育效果。

4. 互动型

在互动型师生关系中师生双方思想信息和情感导向相互交流。德育过程中,师生双方进行交往互动,这样全方位的互动使得交往双方相互作用、相互影响、相互认可、相互理解,最终不断重建已有的知识观念,达到道德个体的自主建构。

师生关系的互动交往表现在教育者和受教育者之间的双向互动,互动性是主体间性最根本的特点。行动者以沟通为取向,以互动的参与为特征,从而协调起各个行动者的行为,这是一个相互说服的过程,它把参与者的行为、动机、理由协调起来,以便达成某些共识。

互动型德育师生关系要求教师以更加开放的心态倾听学生不同的声音,视学生为独立的个体,允许学生发表不同的见解,并重视每一位学生的观点,在互动过程中,突出学生作为德育活动的设计者和实施者的角色;同时,也要求学生抱持着对学习的渴望,虚心接纳教师的引导和教育。只有在师生相互尊重、相互理解的氛围中才能够建立和谐良善的师生互动交往关系。师生之间在双向互动交往过程中,不断重组构建,使得双方在道德生活上都得到了新的成长和提升。

第四节 高校德育教育与传统文化的关联

在探讨高校德育教育与传统文化的关联时,可以发现两者之间存在着密切的联系和互补性。传统文化是一个国家和民族历史发展过程中形成的文化积淀,它不仅承载着民族的历史记忆,也蕴含着丰富的道德教育资源。高校德育教育作为培养学生道德素质的重要途径,与传统文化的结合,能够更好地实现教育目标,促进学生的全面发展。"要充分挖掘我国优秀的传统文化,将其中的德育教育思想内涵进行挖掘与利用,实现传统文化和高校德育教育的完美整合,让高校学生自觉抵御不良思想,树立正确价值观。"[1]

一、传统文化在德育教育的作用

(一)传统文化在德育教育中的价值观塑造作用

传统文化中的道德观念、伦理规范和行为准则,为高校德育教育提供了丰富的内容资源。通过系统地学习和理解传统文化,学生能够吸收和内化这些道德规范,形成正确的价值观和人生观。例如,儒家文化中的"仁爱""忠诚""孝道"等思想,对于培养学生的道德情感和社会责任感具有重要意义。

---

①吴伟. 传统文化与高校德育教育[J]. 戏剧之家,2019(13):219.

（二）传统文化对学生个性发展的促进作用

传统文化中蕴含的人文精神和审美情趣,能够丰富学生的精神世界,提升其个性修养。通过接触和学习传统文化,学生能够在审美体验中培养情感、陶冶情操,形成独特的个性和气质。同时,传统文化中的哲学思想和人生智慧,也能够引导学生进行自我反思和自我提升,促进其个性的全面发展。

（三）传统文化在培养学生社会责任感中的应用

传统文化中的集体主义精神和社会和谐理念,对于培养学生的社会责任感具有重要作用。通过学习和实践传统文化,学生能够认识到个人与社会的关系,理解个人行为对社会的影响,从而增强社会责任感。此外,传统文化中的爱国主义情感,也能够激发学生的民族自豪感和国家认同感,促使其为国家的繁荣和发展贡献力量。

（四）传统文化在提升学生文化自信中的作用

传统文化是中华民族的宝贵财富,它代表了中华民族的智慧和创造力。通过学习和传承传统文化,学生能够增强对本民族文化的认同感和自豪感,提升文化自信。这种文化自信不仅能够增强学生的民族自尊心和自信心,也能够促进其在全球化背景下的文化自觉和文化创新。

二、德育教育对传统文化的作用

德育教育对传统文化的作用是一个复杂而重要的议题,其涉及教育、文化、价值观等多个方面。

（一）德育教育对传统文化的传承与弘扬

德育教育在传承和弘扬传统文化方面发挥着重要作用。首先,德育教育通过课堂教学、课外活动等多种形式,向学生传授传统文化的知识和精髓。这些教学活动旨在引导学生认识和理解传统文化的内涵和价值,从而培养学生对传统文化的兴趣和爱好。同时,德育教育还注重培养学生的文化自信心和民族自豪感,使学生能够自觉传承和弘扬传统文化。

在传承传统文化的过程中,德育教育还推动了传统文化的创新和发展。通过引导学生思考传统文化的现代意义和价值,探索传统文化与现代社会的结合点,德育教育促进了传统文化与现代社会的融合。这种融合不仅有助于传统文化的传承,还有助于传统文化的创新和发展,使其更加符合现代社会的需求和特点。

(二)德育教育对传统文化的创新与发展

在传承和弘扬传统文化的基础上,德育教育进一步推动了传统文化的创新与发展。随着社会的不断发展和变化,传统文化也需要与时俱进,不断吸收新的思想、观念和价值观。德育教育通过引导学生思考传统文化的现代意义和价值,探索传统文化与现代社会的结合点,为传统文化的创新和发展提供了有力支持。

在这个过程中,德育教育可以引导学生将传统文化中的道德观念、价值观念等与现代社会的法律法规、道德规范相结合,形成具有时代特色的道德观念和行为准则。这种结合不仅有助于传统文化的创新和发展,还有助于提升学生的道德素养和法治意识,使其更加符合现代社会的需求和特点。

(三)德育教育对传统文化的保护和推广

在全球化和文化多元化的背景下,传统文化面临着来自外部文化的冲击和挑战。德育教育通过培养学生对传统文化的认同感和自豪感,增强学生对传统文化的保护和推广意识。这种意识的培养有助于学生更加珍视和尊重传统文化,从而自觉参与到传统文化的保护和推广中来。

同时,德育教育还可以利用现代科技手段,如互联网、多媒体等,将传统文化以更加生动、直观的形式呈现给学生。这些科技手段不仅有助于提升学生对传统文化的兴趣和参与度,还有助于扩大传统文化的传播范围和影响力。通过这种方式,德育教育为传统文化的保护和推广提供了有力支持,有助于推动传统文化的传承和发展。

第二章 高校德育教育的体系研究

第一节 高校德育教育的课堂教学

一、高校德育教育课堂教学的组织

(一)课堂教学的组织方式

1.全班授课

在高校德育课堂教学中,全班授课被视为一种常见而有效的组织方式,其背后蕴含着独特而重要的教学原则与挑战。与其他学科的全班授课相比,德育课堂的全班授课更为复杂,因其特殊性而需求更高的教学策略与管理技巧。

对于全班授课而言,维持良好的听课气氛与秩序是至关重要的。由于学生数量较多,传统的"教师讲、学生听"的模式在德育课堂中被广泛采用。在这种情境下,教师应当具备引导学生专注的能力,通过言行举止和语言表达等方式,营造出积极的学习氛围,使学生能够全神贯注地聆听并理解所传达的道德知识与理念。同时,教师还需善于运用互动式教学手段,如提问、讨论等,以激发学生的思考与参与,进而促进德育课堂的交流与互动。

德育课堂的全班授课在教学内容与形式上亦有其独特之处。与传统学科不同,德育课程更强调对学生情感、态度和价值观的引导与塑造。因此,在全班授课中,教师需结合具体的德育主题与教学目标,灵活选择教学内容与形式,以最大程度地激发学生的兴趣与参与度。例如,可以通过案例分析、角色扮演、小组讨论等方式,使抽象的德育理论与学生的日常生活经验相联系,使之更易于理解与接受。同时,教师还应注重培养学生的道德思维能力与判断力,引导他们独立思考并提出自己的见解与观点,以培养其成为具有自主、批判性思维的社会主体。

另外,德育课堂全班授课的组织方式还需要充分考虑到学生个体差异与需求。

在教学实践中,教师应当根据学生的年龄、性别、文化背景等因素,合理调整教学内容与方法,以确保教学效果的最大化。同时,教师还需关注学生的心理健康与情感需求,通过情感教育与心理辅导等方式,促进学生的全面发展与成长。此外,教师还可借助现代技术手段,如多媒体教学、网络资源等,拓展德育课堂的教学内容与形式,提升教学的趣味性与生动性,从而更好地吸引学生的注意力与参与度。

2. 分组活动

在高校德育课堂教学中,分组活动在促进学生互动、培养合作意识和提高学习效果等方面发挥着重要作用。分组活动的有效组织离不开充分的前期准备和周密的计划。在教学开始之前,教师应对分组活动的目的、内容、形式等进行详细设计,并向学生明确交代。明确的教学目标是分组活动的核心,它不仅指导着教师的教学行为,也激发了学生的学习动机和参与热情。此外,教师还应根据学生的实际情况和课程特点,合理安排分组形式和成员组合,确保每个小组的结构和功能都能够最大程度地发挥。

教师在分组活动中扮演着引导者和监督者的角色。在活动进行的过程中,教师应时刻关注小组内部的互动情况,及时发现并解决可能出现的问题。对于学生的提问和困惑,教师应给予及时的指导和支持,帮助他们克服困难,顺利完成任务。此外,教师还应注重引导学生发挥个人优势,培养他们的合作意识和团队精神,促进小组成员之间的交流与合作,从而实现教学目标的有效达成。

分组活动的成功实施需要教师和学生的共同努力。教师应根据活动的进展情况,不断调整和优化教学策略,使其更加贴近学生的实际需求和学习特点。同时,学生也应主动参与到分组活动中,积极表达自己的观点和想法,与小组成员共同探讨问题,共同完成任务。只有通过师生共同的努力,才能确保分组活动真正成为德育课堂教学的一种有效方式,为学生的全面发展和成长提供有力支持。

3. 辅导咨询

在高校德育课堂教学中,辅导咨询作为一种常见的教学方式,在国外得到了广泛应用,并在我国逐步受到重视与采纳。辅导咨询与传统的全班授课形成了对应关系,其在教学目的、内容和组织方式等方面具有独特的优势。辅导咨询的特点在于其灵活性与个性化。与全班授课不同,辅导咨询可以是面向全班的,也可以是针对部分学生(如小组)的。教师在辅导咨询中并非固定地向全班讲解教学内容,而是根据学生提出的问题和需求,灵活确定辅导和咨询的内容。这种个性化的教学方式能够更好地满足学生的学习需求,激发其学习兴趣和参与热情,从而提升教学效果。

辅导咨询的实施需要教师具备良好的专业知识和沟通能力。教师在进行辅导咨询时,不仅需要熟悉德育相关的理论知识和教学内容,还需要具备良好的沟通技巧和心理辅导能力。教师应倾听学生的诉求和困惑,耐心解答他们的问题,给予及时的建议和指导,帮助他们解决学习和生活中的困难。通过与学生的深入交流和互动,教师能够更好地了解学生的需求和问题,有针对性地进行个性化辅导,从而促进其全面发展和成长。

辅导咨询的实施还需要教师与学生之间的密切合作和共同努力。教师应积极引导学生参与到辅导咨询中,鼓励他们提出问题和思考,促进彼此之间的交流和分享。同时,学生也应主动配合教师的指导,积极参与到辅导咨询活动中,主动寻求帮助和支持,共同探讨解决问题的方法和途径。只有通过师生之间的紧密合作和积极参与,才能真正实现辅导咨询在德育课堂教学中的有效运用,为学生的个性发展和综合素质提升提供有力支持。

(二)课堂教学组织的联系

德育课堂教学组织与其他教育形式的联系是德育教育实施中的重要议题。尽管课堂教学与其他教育组织形式在研究范畴上有所区分,但二者之间却存在着紧密的相互关联与互动。特别是在德育教育领域,这种联系更为密切,彰显出课堂教学的重要性与灵活性。

德育教育的全面性在中国教育体系中占据着核心地位,其理念倡导家庭、学校及社会三者之间的紧密协作。在这一框架下,德育课堂教学并非孤立存在,而是与家庭教育、学校活动及社会实践等其他教育形式相辅相成,共同构建起一个多维度的德育培养体系。德育课堂教学作为这一体系的基石,通过系统化的教学内容和方法,为学生提供了道德认知和行为规范的基础。它不仅传授道德知识,更通过引导和激励,促进学生内在道德情感和价值观的形成。与此同时,家庭教育作为德育教育的另一重要组成部分,通过日常生活中的互动和榜样示范,对学生的道德行为和习惯产生深远影响。家长的言传身教在潜移默化中培养学生的责任感、尊重感和合作精神。

此外,学校组织的各类活动,如社团活动、志愿服务、文化节等,为学生提供了将道德规范转化为实际行动的平台。这些活动不仅丰富了学生的校园生活，也加强了学生的社会责任感和集体荣誉感。社会实践则进一步扩展了德育教育的范畴，通过参与社会服务、社区建设等活动，学生得以在真实社会环境中锻炼和提升自己的道德实践能力。这种多方面的教育形式的有机结合，不仅丰富了德育教育的内容，也提高了教育的实效性。它使得德育教育能够更加贴近学生的生活实际，更具针对性和适应性。在这一过程中，教育者的角色至关重要，他们需要不断更新教育理念，创新教育方法，以适应社会的发展和学生的需求。同时，教育者还需加强与家庭、社会的沟通和协作，共同为学生的道德成长创造良好的环境。

另外，德育课堂教学与其他教育形式的结合有助于促进知识、情感、态度和行为的统一。德育课程注重培养学生的综合素养和道德品质，而通过将课堂教学与社会实践相结合，可以促使学生在实践中不断深化对道德理念和行为规范的认识，形成正确的价值取向和行为习惯。

德育课堂教学与其他教育形式的结合需要根据教学目的、内容和条件进行合理安排与组织。教师可以在课堂教学之前，参与相关组织活动获取实践经验，或在课后将课堂所学知识应用于实践中进行验证。同时，课内外的交叉结合也是一种有效的方式，能够充分发挥课堂教学和其他教育形式的优势，实现德育教育的全面发展。

二、高校德育教育课堂教学的实施

（一）研究性教学

研究性教学对于培养学生创新精神、实践能力、终身学习能力和适应社会生活的能力等，具有重要的意义。在德育课程的改革和建设过程中，研究性教学日益成为教师和学生积极探索的一个领域，受到教学和研究各方面的关注，并在实际教学过程中进行了大量的实验，取得了可喜的成果。

1. 实施方式

研究性教学是一种以教学要求为依据，以特定的问题、主题或专题为载体的教学方法。在教师的引导下，学生通过自主收集、分析和处理信息等探索性学习活动，实际感受和体验认知过程。这种教学方式旨在帮助学生了解社会，学会学习，并培养他们分析问题、解决问题的能力和创新能力。研究性教学不仅是一种主动探究式的教学方式,而且在培养学生的创新精神和实践能力的过程中发挥着重要作用,体现了素质教育的核心宗旨,并为德育课程的发展开辟了新的领域。

德育课程中研究性教学的实施通常采用课题调研的形式进行。课题调研,亦称为课题报告式学习或专题研究式学习,是一种模拟科学研究情景和过程的教学方法。在这种方法中,教师通常会提出一个具有较广内涵的问题,学生则需要自主设计研究方案,开辟学习渠道,并选择适合的学习方式。通过对教学内容的深入解读和分析,学生最终形成自己的学习成果——课题报告。这种方式鼓励学生主动参与,提高了学习的深度和广度,有助于提升学生的综合素质,尤其是独立思考和批判性分析的能力。

研究性教学的探索,其具体形式多种多样,主要的实施方式有以下方面:

(1)培养以"问题"为中心的探究能力。在教育实践中,培养学生以"问题"为中心的探究能力是一项重要的教学目标。这种能力要求学生在充分理解教材内容的基础上,对特定主题进行深入的研究和探讨。以下是培养学生探究能力的一般步骤:

首先,教师宣布选定的研究性学习课题,并向学生阐明课题准备的具体要求。在此基础上,学生需在阅读教材的过程中,选择一至两项具体内容进行深入准备。

其次,学生根据各自选定的研究内容组成若干小组,在教师的指导下,进行深入探究。在此阶段,学生通过访谈、网络搜索、查阅书刊以及分析具体案例,来论证相关理论观点或阐述自己的观点。同时,学生应将收集的材料整理成多媒体课件或书面报告,以便于进一步地交流和讨论。

再次,学生需准备相关的背景材料,并对自己的研究成果进行深入思考,以便在展示时能够回答同学和教师提出的问题。此外,教师应指导学生设计一些质疑性问题,以促进课堂讨论的深入。

最后,在教师的组织下,学生进行课堂展示。教师与学生共同将各自的制作和准备内容整合,形成一个连贯的整体。学生对所准备的内容进行详细讲解,并参与到与同学和教师的问答与讨论中,从而使得研究更加深入。

通过这种教学方式,学生不仅能够从直接经验中了解现实生活中遇到的问题,而且能够将教学要求与实际问题相结合,深刻理解教材中的基本原理。这种方法强调理论联系实际,具有较强的可操作性和较好的教学效果。

(2)在开放式教学环境中培养学生解决问题的能力是一种有效的教学策略。

该策略涉及的研究课题既与德育学科紧密相关,同时又超越了传统教材的界限,体现了内容的现实性和开放性。通过这种研究性学习,不仅拓宽了学生的学科知识视野,而且增强了他们的问题意识,同时培养了学生探究问题的科学态度、基本方法与技巧。

一般而言,在开放式情景中培养解决问题能力的步骤可以概括如下:

首先,学生需进入选题领域,通过广泛的信息搜集和分析,筛选出具有研究价值的问题,并确立研究课题。这一步骤要求学生具备一定的信息筛选和问题识别能力。

其次,学生应制定详细的课题研究计划,并按照计划分步骤实施。该计划应包括研究目标、研究内容、研究方法、时间安排以及预期成果等要素,确保研究过程的系统性和有序性。

最后,学生需对研究成果进行讨论和总结,并通过展示和交流的方式与他人分享。这一环节不仅能够巩固学生的研究成果,还能通过互动讨论激发新的思考和创意。

这种形式的研究性教学通常需要较长时间来实施,可能持续一个学期,有时甚至需要一年的时间。其成果形式规范,通常包括详尽的文字材料,并以课题报告的形式进行展示。这种方式有助于学生深入理解研究主题,提升研究和解决问题的综合能力。

2. 实施原则

德育课程研究性教学具有一系列显著的特点,这些特点对于教学的实施至关重要。在研究性教学的探索过程中,一些基本原则受到了广泛关注,并对教学效果产生了积极影响。尽管这些原则仍在不断完善之中,但它们在实践中已经显示出了其重要性。遵循这些原则,研究性教学能够取得更佳的成效;反之,如果忽视这些原则,可能难以达到预期的教学目标。研究性教学的基本原则主要包括以下方面:

(1)教学相长与共同发展。研究性学习对于德育教师和学生而言,都代表了一种新颖的学习模式。在准备研究性学习的过程中,教师需要接纳新的教学理念,掌握新的教学技巧,并对学生的学习进行新的引导。在研究性学习的实施阶段,教师应与学生共同参与资料的搜集、信息的整理、调查研究以及归纳总结,同时对学生的研究性学习成果进行全面而客观的评价。学生在整个学习过程中应学会独立地在课外书籍、报刊,尤其是互联网上查询相关资料,掌握资料的筛选、整理和归纳,并利用这些资料来支撑自己的观点。此外,学生还需将丰富的资料与课程中学习的理论观点相结合,进行深入研究和思考,并将研究成果以论文形式呈现出来。教师在常规教学中注重研究性教学方法的应用,能够有效促进教学相长和师生共同发展。

(2)课题选择的理想性与可行性的结合。在选择研究课题时,通常强调理想化因素,即课题应具有创新性,针对尚未解决的难题,其研究成果应具有突破性价值。然而,在追求理想性的同时,也必须考虑课题的可行性,包括研究条件的现实性、研究资源的可获得性以及研究时间的充足性。一个理想的课题应当既能激发学生的探究兴趣,又能在实际操作中得以顺利进行。

(二)实践性教学

德育课程需要理论与实际紧密结合,只有围绕德育课程教学的重点、难点和热点,针对学生的思想实际积极开展多种形式的实践活动,才能解决许多课堂上无法解决的问题,使课堂教学空间得到拓展,使教学内容更加丰富,使学生中存在的某些疑虑得到较好地解决。通过社会实践活动,能促使学生把理论知识同社会实践相结合,从而进一步理解理论的实质并用以指导自己的行动。

1. 重要作用

高校德育教育课堂实践性教学是德育课程改革的重要组成部分,为培养合格公民、增强课程的针对性和实效性提供了重要保障。实践性教学将社会实践纳入德育课程教学过程,为学生创造了丰富的活动情境,有助于拓展德育教育的教学活动空间,促进学生全面发展,具体而言,实践性教学具有以下重要作用:

(1)实践性教学有助于培养符合社会需要的合格公民。通过德育课堂实践性教学,学生可以在教师的指导下走出课堂,走出校园,主动了解、探究、服务社会,从而增强他们的社会意识和责任感,培养符合社会需要的思想和行为的合格公民。

(2)实践性教学有助于加强德育课程教学的针对性和实效性。德育课程涉及政治、经济、道德、心理等多个领域,是一门综合性社会学科。通过开展实践性教学,可以将教学内容与学生、社会的实际生活紧密结合起来,克服理论脱离实际的倾向,增强教学的针对性和实效性,促使学生的学习更加贴近生活、更加具有实践意义。

（3）实践性教学有助于促进知、情、行的统一。德育课程要求学生在认知、情感、行为上达到统一，而仅仅限于课堂教学的德育课无法实现知、情、行的统一。通过参与社会实践活动，学生能够真切地感受到社会、他人与自我的密切关系，感受到合格公民应具有的道德、理想和信念，从而在实践中逐步实现知、情、行的统一。

2. 计划安排

高校德育教育课堂实践性教学的计划安排至关重要，它需要有系统的计划和合理的安排，以确保教学活动的有效进行和教学目标的实现。在实践性教学的组织过程中，应注意以下方面：

（1）实践性教学要有明确的计划和目标。为了有效地开展社会实践活动，需要对各个年级的实践活动进行认真的规划和组织。教师应根据课程标准和教学要求，针对学生的学习重点和难点，有针对性地制定社会实践活动的计划，并选择合适的实践单位和制定具体的实践方案，以确保实践活动能够达到预期的教学效果。

（2）实践性教学要进行讲评和交流。在实践活动结束后，教师应组织学生对调查材料进行归纳和整理，并撰写调查报告。教师应认真阅读每份调查报告，并选出优秀的报告进行讲评和交流。通过讲评和交流，可以促进学生之间的相互补充和学习，丰富教学内容，并提升教学效果。同时，优秀的调查报告还可以选登在学校报刊专栏上，进一步扩大社会实践活动的教育影响。

（3）实践性教学的组织形式要多样化，活动时间要巧安排。在德育课程的实践活动中，可以采用多种形式，如走向社会的访问、调查、考察活动，以及邀请先进人物到校进行座谈交流等活动。活动时间的安排也需要注意学生课后时间的利用，可以将较大型的社会实践活动与学校的德育活动紧密结合，以提高教学效果和学生参与度。

3. 组织依据

高校德育教育课堂实践性教学的组织依据多样，根据各地和各校对德育课程实践性教学的研究和实施情况，可以发现以下两种主要的组织依据：

（1）围绕教学难点组织实践性教学。在德育课堂教学中，教学难点可能来自教材内容较深、学生的社会阅历不足或书本知识滞后等方面。因此，恰当地组织社会实践活动成为突破教学难点的重要策略之一。例如，在学习"价值规律的含义、表现形式和作用"的内容时，可以组织学生调查市场上电视机、微波炉等商品的价格变化情况,分析价值规律的作用。通过实地调查和分析,学生不仅可以拓宽视野,还能够更深入地理解课程内容,提高对价值规律等概念的理解和应用能力。

(2)围绕教学热点组织实践性教学。在我国建立和完善社会主义市场经济体制的过程中,以及面对社会各个领域的发展和变化,学生可能面临着各种社会热点问题和困惑。因此,有针对性地组织社会实践活动成为解答学生困惑、帮助他们正确理解社会问题的重要手段之一。通过实践活动,学生能够深入了解社会现实,对于社会热点问题有更加清晰的认识和理解。这样的实践性教学不仅有助于促进学生的认知水平提升,还能够引导他们形成正确的思想观念和价值取向,从而更好地适应社会发展。

4.教学模式

在探索实践性教学的过程中,出现了各种不同的做法,人们称其为不同的"模式",具体如下:

(1)服务模式。高校德育教育课堂实践性教学的服务模式是一种积极参与社会、服务社会的教学方式,其核心是组织学生深入社会和社区开展各种调查和服务活动。这种服务模式具有以下显著特点和重要作用:

首先,通过深入社会和社区开展调查和服务活动,可以促进学校与社会的深度沟通和紧密联系。学校作为社会的一部分,其发展和变革需要有社会的支持和配合。通过这种服务模式,学校能够更加有效地融入社会,了解社会的需求和问题,从而更好地调整和改进德育课程内容和方式,使之更加符合社会的实际需要。

其次,这种服务模式能够培养学生的社会责任感和公民意识。通过参与各种社会服务活动,学生可以亲身体验社会的多样性和复杂性,增强对社会的认同感和责任感。尤其是在服务社区、敬老院等活动中,学生不仅能够学会关心他人、关心社区,还能够体会到为社会做贡献的价值和意义,从而培养出积极向上的公民意识和社会责任感。

再次,这种服务模式有助于提升学生的综合素养和社会实践能力。参与调查和服务活动需要学生动手实践、动脑思考,培养了他们的实践能力、创新能力和团队合作精神。同时,通过与社区居民、老人等进行交流和互动,学生能够拓宽视野,增长见识,提升综合素养和社会适应能力。

最后,这种服务模式可以激发学生的成就感和自信心。通过直接参与社会服务活动,学生能够感受到自己的价值和作用,获得对他人、对社会的奉献感和成就感,增强自信心和自尊心。这种正向的情感体验对于学生的心理健康和全面发展具有重要意义。

(2)自主体验模式。高校德育教育课堂实践性教学的自主体验模式是一种积极倡导学生自主性、主动性和创造性参与社会实践活动的教学方式。在这种模式下,学校不会强行规定调研课题,而是给予学生一定的自主权,让他们根据自己的兴趣、需求和专业方向自主选择调研课题,并自行组织实践活动的过程。这种教学方式具有以下显著特点和重要作用:

首先,自主体验模式能够激发学生的自我意识和主动性。通过让学生自主选择调研课题、自主联系、自由组合策划和自行落实调研步骤,学生可以更加充分地发挥自己的主体性和创造性,增强自我管理和自我约束能力,培养自主学习和自主思考的意识和能力。

其次,这种教学模式有利于提升学生的实践能力和社会适应能力。在自主体验模式下,学生需要亲自走出校园,与社会进行互动和交流,积极参与各种实践活动,这样可以锻炼他们的实践能力、解决问题的能力和适应社会环境的能力,使之更好地适应未来的社会工作和生活。

再次,这种教学方式有助于培养学生的团队合作精神和人际交往能力。在实践活动中,学生往往需要与同学、教师以及社会各界人士进行合作和交流,共同完成调研任务,这样可以促进学生之间的团队合作意识和协作能力提升,培养良好的人际交往能力和团队精神。

最后,这种教学模式有助于提升学生对社会的认知、理解和感悟。通过自主参与各种社会实践活动,学生可以深入了解社会的各个方面,体验社会生活的多样性和复杂性,从而提升对社会的认知水平、加深对社会问题的理解,培养积极向上的社会态度和价值观。

(3)网络模式。高校德育教育课堂实践性教学的网络模式是一种利用互联网平台组织学生进行社会实践活动的教学方式。这种模式具有信息量大,获取信息快速、高效的特点,为学生提供了更广阔的学习空间和更便捷的信息获取渠道。在这种模式下,学校可以充分利用校园网、电子阅览室、多功能网络教室等网络设施,通过教师的指导和监督,组织学生进行各种形式的网络实践活动。

首先,利用网络进行社会实践活动可以极大地拓宽学生的视野和知识面。通过上网搜集信息,学生可以了解到国内外各个领域的最新动态和重要事件,深入了解世界政治、经济、社会生活等方面的问题,从而拓展了他们的认知范围,增加了他们对社会的理解和认识。

其次,网络实践活动有助于培养学生信息素养和自主学习能力。在网络模式下,学生需要自主搜集、储存、处理信息,并通过网络平台进行交流和讨论,这样可以锻炼他们的信息搜索、筛选和整合能力,提高他们在信息时代的信息素养和自主学习的能力。

此外,网络实践活动还可以促进学生之间的交流与合作,增强团队意识和协作能力。通过在网络平台上进行自由交流和讨论,学生可以与同学们分享自己的观点和看法,借鉴他人的经验和见解,促进彼此之间的学习和进步,培养良好的人际交往能力和团队合作精神。

最后,网络实践活动有助于激发学生对德育课程的兴趣和参与度。通过在网络上探讨国际国内重大时事政治等问题,学生可以更加直观地感受到德育课程的现实意义和社会价值,从而提高他们学习德育课程的主动性和积极性,增强他们关注社会问题的责任感和使命感。

5. 开展条件

高等院校德育教育课堂实践性教学的开展条件涉及多方面因素,其实践性教学的特殊性要求在教学实践中具备相应的条件和观念支持。这种教学形式旨在通过实践活动,引导学生将道德理念内化为行为信念,培养其创新精神和实践能力,从而实现全面素质的提升。以下将从观念确立、教育行政支持和教师培训等方面探讨高校德育教育课堂实践性教学的开展条件。

首先,高校德育教育课堂实践性教学的开展需要在观念上确立以德育为核心的理念,并将培养创新精神和实践能力作为重要目标。德育课程应成为德育工作的主导渠道,通过社会实践活动,学生能够将所学的道德知识内化为行为信念。为此,教师需要倡导自主探究、实践体验和合作交流的学习方式,引导学生将德育知识融入日常行为中。同时,师生之间应共同确立将知识内化为信念的观念,以及以培养创新精神和实践能力为重点的教育目标,为实践性教学的开展提供认知基础和价值导向。

其次,教育行政部门的积极支持对于高校德育教育课堂实践性教学的开展至关重要。教育行政部门应在制度上保障社会实践活动的开展,并明确相关标准和要求。具体而言,教育行政主管部门应督促学校贯彻执行德育课程相关标准,提供必要的经费支持,确保社会实践活动的顺利进行。此外,教育行政主管部门还应加强对实践性教学的督导评估,增加对学校实施社会实践活动情况的检查,并将其纳入教学评价体系,以推动实践性教学的规范化开展。同时,教育行政部门还应借助教研、科研机构的力量,及时总结并分享实践性教学的成功经验,为学校提供指导和借鉴。

最后,高校德育教育课堂实践性教学的开展还需要重视教师的培训和支持。教师是实践性教学的实施者,他们需要具备相应的教学方法和技能。因此,教育部门应该提供针对实践性教学的专业培训课程,帮助教师了解实践性教学的理念和方法,并提供相关的教学资源和支持。同时,教师应被鼓励积极参与实践性教学问题的探究和研究,不断提升自身的教学水平和能力,以更好地推动实践性教学的开展。

6. 评价方法

高校德育教育课堂实践性教学的评价方法是确保实践性教学有效开展和学生综合素质全面提升的关键环节。为此,需要建立科学合理的评价体系和采用合适的评价方式,以确保评价的客观性、公正性和有效性。

(1)确立正确的评价取向是评价方法的基础。德育课程教学目标旨在培养学生的综合素质和社会责任感,因此,评价体系应与这些目标相适应。评价的价值取向应体现对学生全面发展的关注,强调质的评定而非简单的量化评定。评价应从重视结果转向重视过程,注重学生在社会实践活动中的自我发展和团队合作能力的培养。此外,评价应考虑学生的个性化特征,并将学生在社会实践活动中的全过程纳入评价范围。

(2)采用合适的评价方式是评价方法的关键。主体过程评价方式是一种有效的评价方式,它将教师和学生视为平等的评价主体,将社会实践活动的全过程纳入评价范围。这种方式强调质的评价,评价内容包括准备阶段、实施阶段、总结阶段及附加部分,由学生自我评价、小组评价、教师评价三方面评价组合而成。通过这种方式,可以全面而客观地评价学生在社会实践活动中的行为表现,为学生的综合素质提升提供有力支持。

第二节　高校德育教育的方法创新

一、高校德育教育方法的创新价值

(一)提高高校德育实效的必然需要

"德育是各个社会共有的教育现象,具有社会性,与人类社会共始终。"[1]高校德育方法的创新是提高高校德育实效的必然需求,其重要性在于直接关系到高校德育的成功与否。正确选择和创新德育方法不仅可以对大学生产生积极的教育影响,而且可以为其综合素质的全面提升提供有力支持。相反,如果德育方法的运用不当,可能导致学生产生厌恶情绪,甚至对学校德育工作失去信心,进而造成严重后果,影响高校德育的实效性和可持续发展。

首先,高校德育方法的创新能够满足不同学生群体的需求。随着时代的发展和社会的变迁,大学生群体日益多元化,他们的背景、兴趣、认知水平和接受程度各不相同。因此,传统的德育方法可能无法完全适应不同学生的需求。通过创新德育方法,可以根据学生的特点和需求,灵活调整教学策略,提供个性化的德育服务,从而更好地激发学生的学习热情和参与度,提高德育教育的实效性。

其次,高校德育方法的创新有助于拓展德育教育的内容和形式。传统的德育教育往往局限于课堂教学和书本知识传授,难以满足学生多样化的学习需求和个性化的发展要求。通过创新德育方法,可以引入多种形式的德育活动,如社会实践、志愿服务、团队合作等,拓展学生的知识面和社会经验,培养其实践能力和创新意识,从而提高德育实效。

此外,高校德育方法的创新也有利于提高德育教育的针对性。针对不同学生群体和不同德育目标,采用灵活多样的德育方法,可以更好地满足学生的学习需求和成长要求,从而有效提高德育教育的实效性,促进德育教育可持续发展。

(二)适应新形势发展的客观需要

高校德育方法的创新是新形势发展的客观需要。在当今全球化的背景下,世

---

[1]邢良.高校德育引导与学生管理创新研究[M].北京:北京工业大学出版社,2022:8.

界各国面临着日益加剧的经济、政治、文化交流与融合的趋势。在这种多极化的发展格局下,和平与发展仍然是时代的主题,科学技术的广泛应用对社会生活产生了深刻影响。在这样的大背景下,高校德育工作必须适应时代潮流,紧跟时代发展的步伐,不断创新发展,以满足新时代的需求。

在全球化的浪潮中,高校德育方法的创新至关重要。高校不仅要吸取国外先进的管理技术和经验,还要时刻保持清醒的头脑,掌握高校德育的主流思想阵地。这意味着高校德育工作需要从单一的思想教育向全方位、多层次、多样化的德育模式转变,以适应时代的要求,确保大学生在新时代中能够成为具有高度社会责任感和全球视野的复合型人才。

新形势下,高校德育方法的创新不仅是应对国内发展的需求,也是应对国际挑战的重要举措。在国际竞争日益激烈的背景下,高校德育工作必须具备国际视野和竞争力,不断引进国外先进的德育理念和方法,借鉴国外成功的经验,加强国际合作与交流,不断提升自身的核心竞争力。

(三)保证大学生健康成长的需要

高校德育方法的创新是保证大学生健康成长的需要。高校德育的目标是培养具备全面素质的高素质人才,其中德育是其中至关重要的一环。然而,长期以来,我国高校德育往往将学生视作知识的"接收者",忽视了他们作为主体的地位。在德育教育过程中,传统的教育方法,如单一灌输、以批评为主、满堂灌等,不仅忽视了学生的主导作用,也忽视了他们的内心需求,导致了一种外在的强制性教育。这种教育方法的局限性在于,它们往往削弱了学生的主动性和创造性,限制了他们个性的发展,使得德育教育与德育方法的发展受到一定程度的束缚。因此,高校德育方法的创新迫在眉睫,必须从根本上转变传统的德育教育理念和方法,以适应新时代背景下大学生的成长需求。

创新的高校德育方法应当注重这些方面:首先,要重视学生的主体地位,将其视为德育活动的参与者和推动者,激发其参与德育教育的积极性和主动性;其次,要强调个性化教育,根据学生的兴趣、特长和需求,量身定制德育教育方案,促进其全面发展;再次,要采用启发式教学方法,引导学生通过自主探究和合作学习,积极参与德育实践,增强其自我认知和社会责任感;最后,要注重情感教育,培养学生的情感情操,提升其人文素养和社会情操。

二、高校德育教育方法的创新原则

高校德育教育方法的创新原则是高等教育领域中一个重要议题，其目的是更有效地促进学生全面发展。

(一)坚持生活化教育方法

大学生的德育发展与时代发展紧密相连，其成长过程不仅漫长而且复杂。高校德育应贯穿于学生的整个大学生活，渗透在日常生活的方方面面。生活化的德育强调实践的重要性，倡导从生活中汲取教育素材，再将教育成果应用于生活实践。因此，高校德育方法亟需从传统的单一灌输和说服教育模式转变为更加注重学生主体性的方式。这要求高校组织学生进行自我教育和自我管理，确保德育工作紧密贴合学生生活实际，引导学生正确认识自我，不断优化个人的道德认知和行为习惯。在活动实施上，应注重保护学生的心灵，挖掘学生的个人经验，关注学生的行动，以及促进学生的自我发展。

(二)坚持隐性教育的方法

隐性教育是与显性教育相对应的概念，最初由西方学者提出并实施。尽管学术界对隐性德育课程尚未形成统一的定义，但普遍认为隐性德育课程包括广泛存在于课内外、校内外教育活动中的间接和内隐的德育影响因素。这些因素通过社会角色的无意识行为和非特定心理反应，间接地对学生产生影响。简而言之，隐性教育指的是学校通过特定的教育环境，以间接的方式传递经验，使学生在不知不觉中接受教育，从而在潜移默化中形成良好的道德品质。

(三)坚持自我教育的方法

自我教育是一种教育方法，它要求受教育者根据思想教育的目标和要求，主动提升自身的思想认识和道德水平，并自觉纠正错误的思想和行为。自我教育的核心在于个人的自我提升，即个体自己进行思想政治教育。对于大学生而言，健康成长不仅依赖于外部教育的影响，还需要内在的自我约束和自我管理。学生不仅要接受课堂教学，还应进行自我教育，包括自我认识、自我监督和自我调适等方面。

三、高校德育教育方法的创新发展

(一)实践式的高校德育方法

实践式的教育方法指的是通过组织和引导学生积极参与多样化的实践活动,提升学生的思想觉悟和认知能力。这种方法在改造客观世界的同时,也致力于改造学生的主观世界,通常被称作实践锻炼法。对于高校而言,实践式的教育方法尤为关键,因为它直接关系到高校德育成效的实现。鉴于当前大学生的主要活动时间和空间多集中于课堂和校园内,实践锻炼法的应用需要教育者的精心策划和大量的时间投入。然而,一些教育者对此持消极态度,导致实践锻炼法往往流于形式,这在一定程度上限制了其效用。

高校在传授理论知识的同时,应定期组织学生参与社会实践活动,以促进学生对社会的深入了解和对生活真谛的认识。"没有调查没有发言权"这一观点强调了在重视理论知识的基础上,也应注重实践的重要性。

因此,高校应充分利用各类德育资源,使之成为学生接受德育的有利外部条件。通过这种方式,可以充分激发学生的积极性,促使他们以饱满的热情投身于实践锻炼之中,从而提升他们参与社会实践的能力和适应社会的能力。一个成功的高校德育体系不仅要求学生具备扎实的专业知识,还应培养他们具备丰富的社会实践技能。理论与实践的结合程度是衡量高校德育成效的关键标准之一。

(二)渗透式的高校德育方法

高校德育的一个显著特点是其潜移默化的影响力,这在大学生的日常学习生活中占据了很大一部分。当前,我国高校德育实践中存在一个普遍问题,即过分依赖传统的德育方法。这些传统方法往往侧重于正式课程的显性教育效果,而在一定程度上忽视了隐性课程的潜在教育作用,这限制了德育效果的最大化。

在新时代背景下,高校德育的创新不仅要着眼于传统方法的改革,而且要特别强调德育的渗透性影响。为此,高校应开展多样化的非正式课程和活动,以形成一种潜移默化、渗透式的德育模式。这种模式旨在通过非正式的学习环境和日常互动,促进学生道德观念的内化和行为习惯的养成。

为了实现这一目标,高校可以采取以下措施:

第一,创造丰富的校园文化环境,通过文化活动、学生社团和志愿服务等,让学生在参与中学习和体验道德价值。

第二,利用校园媒体和网络平台,传播正面信息和道德榜样,增强学生的道德认同感。

第三,鼓励教师在日常教学中融入德育元素,通过讨论、案例分析等方式,引导学生思考和实践道德问题。

第四,加强与学生生活的联系,将德育教育与学生的实际需求和兴趣结合起来,提高德育的吸引力和实效性。

第五,建立反馈和评价机制,定期评估德育活动的效果,不断调整和优化德育策略。

通过这些措施,高校德育可以更好地适应学生的成长需求,促进学生全面发展,培养具有良好道德素养的社会主义建设者和接班人。

(三)引导式的高校德育方法

引导法,作为一种教育策略,其核心在于启发和诱导,旨在教育者的指导下,激发受教育者主动、积极、自觉地提升其思想认识。这种方法特别强调发挥受教育者的主体性,鼓励受教育者积极思考,从而增强其接受教育的内在动机。

高校在对大学生进行德育的同时,对学生的日常行为管理也不可忽视。高校通过制定一系列规章制度来管理和约束学生,这有助于营造一个优良的学习环境和校园文化氛围。在科技迅猛发展的当下,这种做法显得尤为重要。随着科技信息时代的到来,学生获取信息的渠道已不再局限于教师的传授,网络成为获取知识的新平台。因此,高校德育工作者需要紧跟时代发展,不断更新自身的知识储备,利用网络资源和多媒体教学工具来吸引学生的注意力,提高课堂教学的吸引力和实效性。同时,教育者还应关注引导学生的思想行为朝着积极、乐观、向上的方向发展。

对于高校德育的未来发展,引导式的德育方法正逐渐成为我国高校德育发展的主要趋势。这种方法不仅体现了教育的时代性,也强调了教育的人性化和个性化,是我国高校德育工作者在日常工作中应当着重关注和实践的重要方面。

第三节　高校德育教育的过程实施

一、高校德育教育过程概述

任何一个教育活动都涉及活动主体与客体在特定目标和要求的指导下,采用适宜的方法,并通过合适的途径,在限定的时间和空间条件下相互作用、相互影响的动态过程。学校德育过程同样遵循这一原理,它在特定的时空背景下展开。与过去相比,现代德育的实施平台已经从传统的学校环境扩展到网络空间,这使得现代德育过程呈现出更广阔的开放性。

为了深入理解德育过程的特性和内在规律,我们不能仅仅对德育过程进行静态和单一的分析,而应采取动态的、多角度的考察方法。通过观察德育过程中的运动、变化和发展,我们可以探究其根本原因,从而更有效地指导德育实践。

在现代社会的背景下,学校德育的实施无论是在形式上还是在内容上都经历了显著的变化。特别是随着新媒体时代的到来,其开放性、平等性以及双向和多向互动的特点,为现代学校德育提供了突破时间和空间限制的新途径。"全球化"德育、"全方位"德育、"全过程"德育、"全员参与"德育等概念,不仅在时间上和空间上拓宽了德育的范畴,而且使其增添了更为复杂的特征。现代德育不再是孤立或封闭的现象,而是一个历史性、发展性、开放性的成果,是其普遍本质在新时代背景下的全面展现。

因此,要全面理解现代德育过程,我们必须从德育过程的一般性质出发,结合时代特点,不断探索和创新德育方法,以适应社会发展的需要。

(一)德育过程的概念界定

德育过程通常被定义为教育者对受教育者进行思想品德教育的动态过程。具体而言,德育过程以促进受教育者思想品德的构建和发展为目标,涉及教育者与受教育者的共同参与和双向互动。在现代德育实践中,特别强调教育者与受教育者在德育互动中共同接受道德影响,以此推动各自道德素养的提升。

社会主义学校的德育过程是教育者依据社会主义社会的要求,结合受教育者自身的生理心理特征、发展需求以及思想品德的形成规律,采取启发、引导和辅导的方式,激励受教育者主动地认知、感受和实践道德价值。这一过程旨在帮助受教育者内化社会主义的思想道德观念,培育积极的思想品德心理,同时发展其道德判断和道德选择的能力。

(二)德育过程与其他内容

1. 德育过程和其他教育过程

在学校教育的宏观视角下,教育过程构成了一个多维度、多层次的复杂系统。根据不同的分类标准,可以将学校教育过程划分为若干具有内在联系的具体教育过程。按照学校教育的基本组成部分进行划分,学校教育过程主要包括:德育过程、智育过程、体育过程、美育过程以及劳动技术教育过程。

德育过程的研究旨在揭示其独特的内在规律性,并明确其与智育过程及其他教育过程的区别。国内学者在这一领域的探索中提出了德育过程的自觉性、目的性、复杂性、广泛性、社会性、可控性、多端性等多种特点。这些观点从不同角度描述了德育过程的特性,对理解德育过程具有积极意义。然而,这些特点并非德育过程所独有,因此,要准确描述德育过程的独特性,需要从分析德育过程的特殊矛盾出发,从教育目标和依据的规律两个方面来揭示其与其他教育过程的区别。这些区别主要体现在以下两个方面:

(1)教育目标上的区别。德育过程旨在培养和塑造道德主体,其核心任务是解决受教育者现有的思想品德发展状况与现代社会德育目标之间的矛盾。德育过程的目标是促进受教育者德性的全面发展,形成稳定而良好的思想品德结构,并自主地解决世界观、人生观等态度和情感问题。相比之下,智育过程的目标是使受教育者掌握必要的知识和技能,发展智力和能力,解决认识世界和改造世界的具体问题。德育过程围绕受教育者的道德实践展开,解决善与恶、利与害、信与不信、愿与不愿的问题,即个人与他人、集体、社会、自然的关系问题。体育过程的目标是教授学生体育知识和技能,并通过身体锻炼增强体质和提高身体素质。美育过程的目标则是培养受教育者感知美、鉴赏美、创造美的能力,以发展其审美意识和审美情操。

(2)德育过程所依据的规律不同。德育过程主要遵循个体思想品德形成与发展的规律;智育过程依据的是个体认识活动的规律;体育过程依据的是受教育者生理发展规律和技能技巧掌握的规律;美育过程则依据的是受教育者审美能力发展的规律。

2.德育过程和思想品德形成过程

德育过程与思想品德形成过程是两个既相互联系又具有区别的概念。在本质上,德育过程的终极目标是促成受教育者思想品德的塑造与发展。然而,就受教育者思想品德的形成而言,学校德育过程并非唯一影响因素。家庭、社区、社会等环境因素,以及现实与虚拟的教育影响,均在其中扮演着重要角色。德育过程之所以关键,是因为它能够依据既定目标和受教育者品德形成的规律,协调各种影响因素,从而促进受教育者的品德成长。德育过程与思想品德形成过程实质上反映了教育活动与个体素质发展之间的互动关系。

区分德育过程与思想品德形成过程,并不意味着将两者完全割裂。德育过程是教育者与受教育者共同参与的双向互动活动。然而,受教育者思想品德的形成并非完全受制于学校德育。如前所述,受教育者的思想品德形成同时受到多种环境因素的影响。这些影响主要分为两大类:一是学校德育的有意识影响,二是校外环境的无意识影响。从广义上讲,学校德育也是环境影响的一部分,但为了深入探究德育的内在规律,有必要区分学校德育的影响和学校外部环境的影响。区分这两者的根本标志在于目的性是否明确。德育过程具有明确的目的性,因而是一种有意识的影响过程;而环境影响则缺乏明确目的,是一种自发的影响过程。通常,德育影响对思想品德形成的促进作用是积极的,尽管也可能存在消极影响。环境影响则具有双重性质,既有积极的一面,也有可能产生消极效果。德育影响是有组织、可控且正式的影响;而环境影响因素则极为广泛。相比之下,德育影响因素的覆盖范围则相对较窄。德育的核心目标是促进受教育者形成良好的思想品德。对德育之外影响学生思想品德发展的因素有所认识,有助于教育者努力将这些因素纳入可控范围之内。

二、高校德育教育过程的一般规律

德育过程包含多种规律与矛盾,这些规律与矛盾是推动德育过程运行与发展的根本动力。德育过程论的研究任务旨在揭示德育过程的本质及其内在规律。在探讨德育过程的一般性质之后,进一步分析德育过程的基本规律显得尤为关键。

德育过程的动态变化和发展是遵循一定规律的,这些规律是教育基本规律在学校德育领域中的具体体现。深入认识并掌握这些规律,并依据这些规律来设计、组织、开展和管理德育活动,是提升学校德育实效性的关键所在。

德育过程中的规律即德育过程内在的本质的必然联系。德育过程中存在多种关系,如师生关系、学生间关系、教师间关系等。在这些关系中,有些是本质的、必然的,有些则是非本质的、非必然的;有些关系是基础性的,而有些则不是;有些关系在整个德育过程的各个阶段和方面都起着关键作用,有些则不然。因此,识别和确定最基本、最本质的关系,是德育过程理论研究中的一个核心问题。

在德育过程的规律研究方面,以往的研究常常从教育过程的视角出发,这无疑具有一定的参考价值。然而,这些研究尚未能明确指出学校德育过程规律的特殊性,因此,对其进行更为专业和深入的研究显得十分必要。

为了准确把握德育过程的规律,首先需要明确区分德育过程规律与思想品德形成规律。正如德育过程与思想品德形成过程既相互联系又有所区别一样,德育过程的规律与思想品德形成的规律也存在既有联系又有区别的复杂关系。德育作为一种有目的的人类实践活动,属于社会现象的范畴;而思想品德作为个体的品质特征,则属于个体现象。尽管两者不可割裂地看待,因为社会毕竟由个体组成,个体也总是社会的一部分,但由于社会和个体在认识客体上的差异,德育论中将两者视为既密切相关又各自独立的基本理论问题:个体思想品德形成规律的探究是品德论的研究任务;而德育规律则体现在德育过程之中,应由过程论来揭示。由于两者在"德"字上的联系,成功的德育通常指的是德育实践所期望的思想品德在受教育者个体身上的形成。但是,这里的规律不单指受教育者个体思想品德的形成规律,更涉及教育者施教活动如何成功地促进受教育者思想品德变化的规律。

三、高校德育教育过程的具体实施

德育过程是指德育活动开展、实践的过程,但并非具体地指某一个具体的德育开展过程,这些具体过程体现在各种专门的学校德育课程教学、团队活动、班主任工作以及其他学科课程教学等活动之中。尽管如此,我们能够从具体的德育过程中抽象出体现在德育过程中的普遍活动方式。这些普遍的共同的活动方式对于实际的具体的德育过程有着重要的指导意义。

（一）实施的基本原则

高校德育教育过程实施的基本原则是确保德育工作的有效性和可持续性的关键。在组织德育过程时，必须遵循一系列反映德育本质和规律的原则，以确保德育目标的顺利实现。以下是高校德育教育过程实施的基本原则：

第一，集体教育与个别教育相结合。高校德育过程应该以全体学生为对象，向集体提出共同的道德要求。通过组织集体活动、倡导良好风气和传统，培养集体意识和集体荣誉感，形成良好的集体氛围。同时，也要重视对个别学生的个别教育，关注他们的个性发展和特殊需求，实现集体教育与个别教育的有机结合，以促进全体学生的德育发展。

第二，热爱、尊重、信任学生与严格要求相结合。教育者应该热爱、尊重和信任学生，这是德育工作开展的基础。通过给予学生足够的尊重和信任，激发他们的学习热情和积极性。同时，也必须对学生严格要求，促使他们自觉遵守规章制度，培养正确的行为习惯和道德品质。热爱、尊重、信任与严格要求相辅相成，构成了德育过程中的重要原则，有助于促进学生全面健康地成长。

这些原则的贯彻实施，有助于建立积极向上的德育教育氛围，提升学生的道德修养和素质水平，从而促进他们健康、全面、可持续地成长。

（二）实施的基本环节

任何一种事物的发展过程都体现了阶段性与连续性的统一，德育过程亦不例外。事物发展过程的阶段性表现为事物发展由多个环节组成。在德育过程中，也存在一些共有的关键环节，这些环节不仅是德育过程所共有的，也是现代德育过程得以顺利展开的基础。

关于德育过程的起点或开端，由于研究视角的差异，人们的观点也有所不同。总体而言，对德育过程起点的描述大致可分为两种情况：①以教育者的行动作为起点；②以受教育者开始接受教育的时刻作为起点。鉴于德育过程并非受教育者自发的自我教育过程，因此，从系统论的角度审视德育过程时，可以认为教育者仍然是德育系统运作的主要策划者和控制者。

德育过程的基本环节可以理解为教育者与受教育者依据科学规划的步骤,进行施教与受教的基本顺序和阶段。这些环节构成了整个德育过程展开与运行的一般时间模式,是实现德育目标、促进受教育者思想品德发展的重要保障。德育过程的基本环节包括如下部分:

1. 准备阶段

德育准备是德育过程展开与运行前所进行的一系列预备工作,它构成了德育过程顺利实施的前提和基础。具体而言,德育准备包括以下方面:

(1)研究与领会中小学德育课程标准、教材及其他相关教育资料,以全面了解德育对象的实际情况和需求。

(2)设定与明确每一德育过程的具体目标,确保教育活动有的放矢,目标明确。

(3)选择与确定德育过程实施的具体内容,这包括道德规范、价值观念、行为习惯等,以适应不同德育对象的特点。

(4)设计教学方案,选择科学的施教方法与途径,确保教育方法的适宜性和有效性。特别需要注意的是,要科学利用网络这一现代教育平台,通过网络平台对受教育者进行德育,以适应信息时代的需求。

网络作为一种新兴的教育工具,具有传播速度快、覆盖面广、互动性强等特点,为德育工作提供了新的机遇。教育者应充分利用网络资源,开发网络德育课程,开展线上互动讨论,引导受教育者在网络环境中进行道德实践,从而提高德育的吸引力和实效性。

2. 实施阶段

实施阶段是德育过程的具体展开与运行的关键时期,其步骤主要包括以下方面:

(1)帮助学生做好心理准备。在德育过程开始之前,向受教育者明确提出道德要求,并激发他们进行道德学习的动机与热情。这是确保受教育者能够接受教育影响的重要前提。

(2)德育过程的具体展开。通过组织各种教学活动和实践活动,帮助受教育者深化道德认识,形成内在的道德需求,并在此基础上培养坚定的道德意志。这些活动应当与学生的实际生活紧密相关,以增强教育的实效性。

（3）指导受教育者进行自觉的道德实践。教育者应引导受教育者将道德认知转化为具体的道德行为，通过实践来巩固和提升道德认知，从而培养受教育者作为道德主体的道德践行能力。这一步骤是德育过程中知行合一的关键环节，需要教育者给予细致的指导和支持。

3. 评价阶段

评价阶段在整个德育过程中扮演着至关重要的角色，它是对德育过程进行有效反馈和综合调控的基础。德育评价的核心在于品德评价，这涉及对受教育者在道德认识、道德情感以及道德行为等多个层面的全面评估。通过这些评价，教育者可以了解受教育者在道德发展上的成就与不足，进而为后续的教育活动提供指导。

此外，德育评价还应涵盖对整个德育过程的各个步骤、所采取的措施、应用的方法、采用的形式等方面进行系统的审视和评价。这种评价不仅关注结果，也关注过程，旨在识别和强化有效的教育实践，同时发现并改进存在的不足。

为了确保评价的有效性，评价过程应当科学、公正、透明，并且需要采用多元化的评价方法，包括自我评价、同伴评价、教师评价等，以获得全面而深入的反馈信息。评价结果的应用应当旨在促进受教育者的道德成长和改进教育实践，而不仅仅是作为评判和奖惩的依据。

4. 综合调控

德育过程是一个将整体过程与局部过程相结合的复杂系统。在德育过程的时间和空间展开中，确保各个具体的局部过程与总体过程在目标和方向上保持协调一致，是实现德育效果的关键环节。综合调控的目的是通过认真测评和分析各个局部德育过程的实施结果，对既定的设计和实施进行必要的调整和控制，从而优化德育过程各组成部分之间的联系。

综合调控的必要性还在于，尽管德育过程的目标经过了科学的规划和周密的设计，但这些目标实际上是对在特定时空中展开的德育过程的一种预先设定。这种设定是否能够实现预期目的，通常需要通过实际操作的结果来验证。因此，对预期目标的调整和修正应当基于客观的操作结果。德育过程的调控涵盖宏观的整体调控和微观的局部调控两个层面，确保德育活动能够灵活适应教育环境的变化，以及满足受教育者的实际需求。

第四节 高校德育教育的环境及优化

从一般意义上说,德育环境可分为宏观环境和微观环境。宏观环境主要指社会政治、经济、文化环境,微观环境是指家庭环境、学校环境、工作环境。宏观的社会政治、经济、文化环境对人的思想政治品德的形成、发展起决定性作用;微观的家庭、学校、工作环境对人的思想政治品德的形成、发展也有着极其重要的影响和制约作用。从环境构成的内容来看,又可将德育环境分为硬环境和软环境。然而,德育环境是一个广泛而又复杂的系统,它是不同层次的环境因素相互联系构成的有机整体。用系统论的方法来审视高校德育环境,就不能孤立地看待各种标准的划分。合理把握、正确定位高校德育环境,我们倾向于将其分为物质性的硬环境和精神性的软环境,并兼而论及以高校为桥梁和纽带也涉及部分社会环境和自然环境等其他相关环境内容。

一、高校德育教育环境的特征

"环境及氛围对人的思想行为有着潜移默化的影响。"①高校德育环境从结构上来说,具有结构的复杂性、整体性、有序性;从本质上来说,具有政治性、广泛性、创造性、开放性和渗透性。

(一)结构特征

1.复杂性

高校作为社会的重要组成部分,与社会环境紧密相连,社会环境的复杂性直接影响着高校德育环境的复杂性。大学校园常被视为社会的"晴雨表",反映出社会的变化和趋势。高校为学生提供了丰富的物质和精神环境,这些环境因素对学生的思想和行为产生着持续的影响。同时,由于高校德育环境的性质多样,其对学生的作用方式也呈现多样性。这些作用方式中,有些是显而易见的,有些则是隐性的,有的直接影响学生,而有的则通过潜移默化的方式影响学生。这些不同的影响

---

①苏少丹.高校德育实践研究[M].北京:中国纺织出版社,2022:16.

方式既相互联系又相对独立,共同作用于大学生思想政治品德的形成和发展,增加了高校德育环境结构的复杂性。

2. 整体性

高校德育环境中各要素之间存在着不可分割、相互协调的关系,这体现了高校德育环境结构的整体性。高校德育环境的功能和作用是在特定的结构中产生的,是有机联系的,任何单一要素的改变都可能引起整体的变化。高校德育环境结构的整体性还表现在各要素之间的相互配合和协调。在特定环境中,各因素的存在不是孤立的,而是相互补充、相互促进的。只有当高校德育环境发挥出整体功能时,才能对学生的思想行为产生最大的正面影响和有效的制约作用。

3. 有序性

高校德育环境在时空维度上展现了结构上的有序性。从空间上看,高校德育环境的各因素相对独立,各自构成德育环境大系统的子系统,这些子系统在系统中占据不同位置,扮演不同角色,并且每个子系统本身都是一个具有特定结构和层次的独立功能体。从时间上看,高校德育环境的各因素并非静止不变,而是随着时间的推移而发展变化,这些变化与大学生身心发展的规律相一致,呈现出一定的有序性。一方面,高校德育环境是由各因素按照一定结构形式组合而成的有序系统;另一方面,高校学生思想活跃,乐于接受新事物,其思想政治道德观念会随着环境的变化而不断演进,但这种变化遵循一定的规律,并非无序。

(二)本质特征

1. 政治性

学校德育历来被视为再生产既定政治关系的重要工具。学校德育的这种政治关系再生产功能首先通过学生的政治社会化、实现政治角色的认同而实现,其次通过培养学生自觉的阶级意识而实现,还通过对不同阶级、阶层的融合、改造而实现。因此,高校德育环境在本质上具有政治性。我国从社会到高校,包括家庭,要营造各种环境,来培养德才兼备的社会主义事业合格的建设者和接班人。此外,从社会生活的角度看,高校德育环境在一定程度上是高校学生的社会生活环境,而无论是宏观的国家、法律、道德、社会意识,还是微观的个人思想与行为,都受到政治的直接或间接的影响。既然社会生活环境不可避免要打上政治的烙印,那么,主要由社会生活环境构成的德育环境自然也具有政治性。再者,高校德育对社会政治也有着巨大的影响,可以引导人们对政治目标做出正确的选择,高校的文化传承与创新更是引领社会文化的繁荣与发展。

2. 广泛性

世界是普遍联系的,万事万物都处在一定的联系之中,人与周围的事物存在着普遍的多样的联系。因此,无论是已经认识到的自然和社会对象,还是尚未认识到的,都可能构成环境。随着人们对人类社会文明史的认识的不断深入和发展,人类活动范围不断地扩大,人们对未来的预测、分析及创造环境能力的加强,环境的时空在不断拓展。作为传承、发展人类文明的重要场所的学校,尤其是作为社会高层次人才培养摇篮的高等学校,更会与社会客观存在着直接或间接的联系,一旦现实社会环境发生变化,高校德育就会为适应其变化而变化。

3. 创造性

由于德育环境具有可变性,总是处在不断发展变化的状态之中,这就给我们发挥创造性,促使其朝着积极影响的方向发展提供了可能。即当现实的德育环境对人的思想品德及德育活动发生影响的同时,我们能够积极发挥主观能动性和创造性,引导和改造现实的德育环境,使之成为有利于德育活动和德育对象身心健康发展的德育环境,从而促进德育目标的实现和德育任务的完成。

4. 开放性

德育是对人的思想与道德施加影响的活动。德育环境具有广泛性,导致德育的环境很难固定。除此之外,德育环境也不能被人为地封闭起来。所以,影响德育环境的因素在空间上没有固定界限。社会存在决定社会意识,社会意识是对社会存在的反映,但社会意识具有相对独立性。人们的思想道德不仅是对现实的反映,而且也会受到历史和未来因素的影响,因此德育不可能机械地固定在某一时间或某一个界限内。这就说明高校德育环境无论是在空间上还是在时间上都具有开放性。

5. 渗透性

高校德育环境对学生的影响不是直接的,主要是间接的熏陶,是一个长期的潜在的过程。这种潜移默化的隐性效应,使得环境对高校德育的影响不直接显露,不能引起即时的反应,而必须通过对社会、经济、政治、文化等各种信息进行筛选、吸收、积累,将其渗透到对学生世界观、人生观和价值观的形成和思想品德的发展中以产生影响。

二、高校德育教育环境的构成

通过对德育环境的结构进行系统分析,可以将高校德育环境分为社会环境和学校环境两大部分,也可以称之为外部环境和内部环境。

(一)外部德育环境

高校外部德育环境,是指较大范围内环绕学生的需求,直接或间接影响和制约大学生思想政治品德形成和发展的各种外部因素的总和,主要包括社会经济、政治、文化等宏观环境和家庭等微观环境。

1. 宏观环境

(1)经济环境。经济环境是德育过程中最基础的环境因素,它直接影响德育的要求和标准,并决定德育发展的水平。不同的生产方式对人的思想政治品德的要求各异,社会经济环境以其独特的生产方式对人的思想政治品德产生直接影响。在社会主义社会背景下,我国实行以公有制为主体、多种所有制经济共同发展的经济制度,以及以按劳分配为主、多种分配方式并存的分配制度。这种经济环境倡导全社会弘扬以为人民服务为核心、以集体主义为原则的思想政治品德。同时,经济环境还通过对政治、文化等其他环境因素的作用来间接影响德育。一个繁荣的经济环境能够激发人的内在动力,鼓舞意志,振奋人心,有助于形成积极向上的思想政治品德;而经济衰退的环境则可能导致人失去动力,意志衰弱。

(2)政治环境。政治环境是塑造个人政治观念的重要外在因素,也是实现个人政治社会化的客观条件。政治环境决定了我国高校德育的目标、内容和基本原则,因此德育必须关注社会政治环境,从中把握学生思想政治品德形成和变化的规律性。通过党的基本路线、方针、政策的教育,提高学生坚持党的全面领导和中国特色社会主义道路的自觉性。社会主义民主法治教育能够提升学生辨别是非的能力,增强学生遵纪守法的意识。形势政策教育、党史国情教育有助于学生形成对周围环境、社会生活、社会关系的正确认识,帮助他们树立正确的政治立场和价值观念。

（3）文化环境。文化环境由人们在精神文化影响下构成的各种行为联系和社会文化关系所组成。社会文化环境通过融合多样的教育因素,间接地、潜移默化地影响人的思想面貌和价值取向。当前,坚定不移地沿着中国特色社会主义道路前进,实现"两个一百年"奋斗目标、全面建成小康社会、实现中华民族伟大复兴的中国梦,作为全社会的共同理想和精神支柱,起到了精神动员的作用,激励学生坚定信念、明确方向、开拓进取。此外,高雅、健康、进步的文学艺术作品、新闻出版作品、广播电视电影作品等能够滋润人们的心灵,提升学生的精神境界。良好的社会风气、社会思潮、社会心理等因素也在无形中影响着学生思想政治品德的形成。

2.微观环境

家庭作为社会的细胞,是社会组成的基本单位,也是品德教育的重要阵地。家庭成员的言行对子女的思想、品质、作风的形成具有潜移默化的作用。可以说,家庭是人生的第一所学校,父母是子女的第一任老师,父母的言传身教和家庭的熏陶至关重要。改革开放和社会主义市场经济的建立与发展,为家庭环境建设奠定了物质基础。当前,家长们为了适应社会,在家庭教育上不惜投入大量财力、时间和精力,这在某种意义上是家庭环境建设的一大进步与发展。然而,这种无微不至的关怀、照顾甚至包办,也可能导致一些子女缺乏独立自主的能力和自强不息的精神,有的因为逆反、不适应挫折和困难等造成严重的心理问题,还有的缺乏勤劳俭朴、艰苦奋斗、团结协作的品德,从而不适应大学的学习和生活。

因此,家庭环境对高校德育的影响随着经济和社会的发展而不断增强。为此,重视家庭环境建设是提高德育实效的重要环节。要着力提高全民素质,家长素质的提高是家庭环境建设的根本保障。要在全社会大力弘扬中华优秀传统文化,并吸收世界先进文明成果,形成具有时代特征、民族特色的家庭美德。学校应采取一定的方式培养家长的家庭教育意识和能力,并倡导家长以身作则,率先垂范。总之,加强中华民族的德育建设,必须从家庭做起。家庭德育氛围也是高校德育环境建设的重要着力点。

（二）内部德育环境

1.物质环境

物质环境在大学生道德品质的形成和发展中扮演着重要角色,一个优良的物质环境对于营造积极的德育效果至关重要。校园物质环境涵盖了校园内所有对学生学习和生活产生影响的物质条件,其包括但不限于学校的建筑、设施设备、活动场地、绿化美化以及景点设置等。这些元素共同构成了校园的自然地理环境、人文景观、教学科研设施和文化基础设施。

校园物质环境不仅是学校运作和发展的基础,也是精神文化传递的重要载体。尽管物质环境本身是无生命的客观存在,但通过精心设计和布局,可以赋予其教育意义,从而激发学生对美好事物的向往和追求。这样的物质环境能够陶冶学生的情操、美化他们的心灵,并且对学生的道德品质产生积极影响。

物质环境的精心设计不仅能够提升校园的审美价值,还能够反映出深层的人文底蕴和文化观念。这些文化元素和内涵可以成为影响学生道德品质的强有力的外部物质力量。因此,良好的校园物质环境建设不仅有助于学生情绪的控制、行为的调适、情操的培养,还能启迪智慧、激发灵感,使学生在精神生活中获得持续的愉悦感。

2. 学术环境

科学研究是高校的主要功能之一,大学以其活跃的学术氛围而意蕴深邃,充满求真的科学精神与求善的人文精神,这构成了高校的学术环境。学术活动不仅是学者的科研活动,也是教育学生的平台,同时还是德育工作者进行教育、启迪、感染、熏陶、引导的活动。高校学术环境体现了对学生全面发展的终极关怀,良好的学术环境能充分调动学生成长成才的自觉性和积极性。自由的学术氛围鼓励学生培养求实的科学精神,发展创造性和批判性思维,以及培育自主和自强的独立人格。高校学术环境及其氛围的好坏,是衡量一所高校是否兴旺发达的重要标志。

3. 文化环境

高校文化环境是指那些对高校德育产生影响的各类文化要素的综合体现,它不仅包括国家的思想和意志、民族的传统文化、社会的道德风尚等在高等教育机构中的反映,也涵盖了高校自身形成的独特文化因素。这些文化要素共同构成了高校德育的重要背景和基础。

国家的思想和意志通过教育政策、法规指导以及意识形态教育等途径在高校中得到体现和传承。民族传统文化通过校园文化活动、课程设置、学术研究等形式得以弘扬和深化。同时,社会的道德风尚也在高校的师生行为规范、校园文化建设、社会实践活动中得到反映和强化。

高校本身的文化因素,如校训、校风、学风、教风等,是高校文化环境的核心组成部分,它们塑造了高校独特的精神风貌和文化氛围。高校文化环境会对大学生的价值观、道德观和行为模式产生深远的影响,是高校德育工作不可或缺的重要组成部分。

4. 管理环境

管理环境主要包括制度环境和组织环境。制度环境作为高校德育的软环境,为高校德育的开展和实施提供了基础性的安排和保障。"没有规矩不成方圆",没有切实可行的规章制度,即使有再好的环境条件,环境建设也不能协调发展。现代德育已区别于传统的言传身教和上行下效,不再是一种随意性自发性的教育方式,而是一个制度性的活动,因此,制度环境日益成为高校德育环境的重要组成部分。制度不仅推动德育环境不断优化,还保证德育环境建设井然有序,强化德育环境对大学生的道德感染和熏陶作用。制度环境由维系学校生活和各种关系的规章、规则和制度构成,具体包括师生道德行为规范、校园管理制度等。制度环境一旦形成,就具有一定的稳定性和普遍的约束力,要求大家共同遵守,不得随意更改和破坏。

高校德育活动是由各级互相依存的组织实体机构来实施的,高校德育环境自然也包含作为高校软环境的组织环境,它是高校实施德育的组织保证。高校德育必须在组织的团队中,在各级组织的相互配合支持下才能发挥其系统性和有效性。组织的重视程度、理念方法、理论研究水平和实际工作能力等都在很大程度上制约着德育建设的发展。组织环境主要包括德育工作的领导体制和德育队伍状况。有效的领导体制是高校德育环境协调、有效建设的根本所在,高素质的德育队伍是建设高校德育环境的人力保障。

5. 生活环境

高校生活环境是指在特定空间范围内,尤其是大学生宿舍和其他生活园区所形成的社区氛围和人际环境。这些环境因素对学生的日常生活、社交互动和文化活动有着直接的影响。

社区氛围涉及的方面包括生活园区内的居住条件、文化活动、交往模式等,这些都是构成大学生日常生活的重要部分。一个积极健康的社区氛围能够鼓励学生之间的正面交流,促进文化和知识的共享,增强学生的归属感和团队精神。

人际环境则关注学生之间以及学生与教职工之间的相互作用和沟通。良好的人际环境能够建立和谐的师生关系,培养学生的社交技巧,提升解决冲突和协作工作的能力。

高校生活环境的优化需要综合考虑硬件设施和软件服务,包括提供安全舒适的居住环境、丰富的文化生活、健康的交往空间以及有效的心理辅导和支持系统。通过这些措施,可以为学生创造一个有利于其全面发展的生活环境。

三、高校德育教育环境的优化

(一)优化原则

第一,继承性与创造性相协调的原则。在优化创新型大学的德育环境时,既要继承和发扬以往优秀的传统,同时也需要根据时代的变化和社会的发展进行积极的创新。坚持继承性与创造性相协调的原则意味着在遵循环境对个体思想影响的规律的基础上进行教育,以促进道德教育的有效实施和人才的健康成长。

第二,物质环境与精神环境相结合的原则。优化高校德育环境时,应将物质环境与精神环境的建设相结合。这不仅涉及为学生提供优越的物质条件,更重要的是创造一个温馨、和谐、民主、团结和鼓励创新的精神氛围,以满足学生全面发展的需要。

第三,科学性与灵活性相统一的原则。在德育环境的优化过程中,应坚持科学性与灵活性的统一。这意味着环境优化应基于科学的教育理念和方法,同时采用多样化和创新的教育手段,以适应创新型大学的建设需求,并为国家培养具有综合性、全面性、专业性和创新性的人才。

第四,主体性与开放性相联系的原则。主体性原则是学校思想政治教育工作的基石,而开放性原则则要求在学校环境优化过程中加强与外界的联系,并采用开放办学的模式。在优化高校德育环境时,需要特别重视主体性与开放性的结合,及时根据时代变化对道德教育内容和方法进行调整,避免封闭和过时的教育模式。高校应重视自身传统,同时关注现实世界的发展,既要保持办学特色,也要积极吸收外界的优秀经验和创新理念,发挥学生的主体作用,同时增强环境的开放性,形成一个既自主独立又积极开放的德育环境。

(二)优化策略

优化高校德育教育环境是提升教育质量和促进学生全面成长的重要举措。

第一，树立环境开放意识，大力优化高校德育的社会环境。高校应建立德育长效机制，形成党委领导下各部门紧密配合的工作格局。通过加强思想政治教育和宣传工作，引导社会舆论，加强社会精神文明建设，为学生成长成才提供良好的社会环境。

第二，注重家庭教育，努力营造良好的家庭环境。高校应引导家庭转变教育观念，树立德智并举的素质教育新理念。同时，探索具有时代特色的家庭教育方法，促进家庭教育与学校德育的有效对接，形成良好的教育共同体。

第三，加强高校网络管理和运用，营造一个良好的网络德育环境。高校应确立新的网络德育观念，充分发挥网络的交互性功能。利用网络资源，加强学生文化素质教育和自律教育，并建立专业化网络德育工作队伍，提升德育工作的针对性、实效性和直观性。

第四，利用高校的教学、管理、文化功能，大力优化高校德育内部环境。学校教学活动应成为德育的主阵地，教育者与受教育者共同推动德育的发展。同时，建立科学合理的学生管理体系，加强日常工作管理，为学生提供良好的学习和生活环境。学校还应通过各种文化活动为学生素质拓展和开展德育活动创造有利条件，促进更多优秀合格人才的培养和成长。

这些策略的贯彻实施，有助于构建积极向上、和谐稳定的高校德育教育环境，促进学生全面健康地成长和发展。

第三章 传统文化及其
时代意义探索

第一节 中华优秀传统文化的深度解读

一、文化与中华优秀传统文化

(一)文化

1. 文化的概念

在中国古代文献中,"文化"一词已有所体现,其原始含义与"文教"及"风俗"紧密相关。该概念在历史的长河中逐渐演化,尤其是在近现代,西方文化观念的引入为"文化"一词赋予了新的内涵,特别是在"培养"和"耕耘"等概念上的扩展,使得"文化"不仅局限于精神层面的教化,更涵盖了对个体成长和社会进步的全面促进。

在中国传统中,"文化"的本义强调了文治教化的重要性,即通过文化的力量来引导和塑造个体的精神世界,以及通过道德规范来影响社会行为。这种文化观念着重于个体的精神修养和社会道德的构建,体现了一种深层次的人文关怀和道德追求。

相比之下,西方文化对"文化"的理解则更为宽泛,它不仅包含了个体精神和道德的培养,还关注到了人与自然的互动,以及社会物质生产与个体精神领域的内在联系。在西方文化中,"文化"被视为一种涵盖物质与精神、自然与社会多维度的复合体,它强调了个体在社会和自然环境中的主动性和创造性。

尽管中西方对"文化"的理解存在差异,但两者在强调个体目的性较强的潜意识活动方面表现出共通之处。这种共性反映了无论在东方还是西方,文化都被视为一种能够激发个体内在潜能、引导其行为和思想的力量。文化作为一种深层的社会现象，它不仅塑造了个体的世界观和价值观，也推动了社会的进步和发展。

2. 文化的本质

一种观点认为文化的本质是人化。文化的出现不能脱离人类和社会的参与。对于文化而言，它不仅是人类在创造社会历史过程中出现的产物，也是人类在原始自然界创造的产物。因为这种特点，文化也具有了种类的区分，这也意味着人们在价值观念、思维方式以及智力水平等方面的不同。当然，人是处于变化过程中的，而文化却是处于一种亘古不变的抽象存在，从这方面来看，文化显然不属于人类本质。人具有实践性的特点和社会属性，因此对于文化与人类两者关系的探究也应该以该特征作为出发点，并从人的理智、人的自我意识，以及人的本质等方面进行考量，以此了解文化的本质以及人类与文化的关系。本文从这方面来看，认为文化是人类创造力、精神世界的来源，而人类同时也受文化延续性的影响。

另一种观点认为文化研究应专注于文化自身的特性，而并非过分强调人类本质与文化之间的联系。这种观点的支持者主张文化作为一种独立存在，其发展和演变不应被简化为人类精神世界的直接反映。他们提倡一种"用文化解释文化"的方法论，即通过文化自身的逻辑和规律来理解和阐释文化现象，而非将其归结为人类行为和社会结构的产物。这种方法论认为，文化具有内在的连贯性和自足性，其价值和意义应当从文化本身的历史、传统和内在逻辑中寻找。它强调文化的独立性和自主性，主张在研究文化时，将其视为一个具有自我发展能力的系统，而非仅仅作为人类活动和社会关系的附属品。

将文化视为一个独立于人类之外的实体，可能会导致对文化多样性和人类社会复杂性的忽视。文化研究应当关注文化与人类之间的互动关系，以及文化如何在不同的社会和历史背景下被创造、传播和变革。这种互动性是文化研究的重要维度，有助于深化对文化现象的理解，并为文化传承与创新提供理论支持。

因此，人们对文化本质的了解需要从实际出发，对文化、人类两者之间的关系也应该从客观角度看待，并将其看成整体、多元的观念形态。就文化而言，它的产生不能与人类脱离，也会受到固定形态下人的影响，因此对文化的探究也需要关注艺术、习俗、品德、信仰及学识等部分，这些都是人类在社会环境下产生的产物，同时人类也可以通过直接或间接的方式影响文化产生，进而适应或改造自己所处的环境。

3. 文化的结构

文化自身内涵的广泛性而决定了其外延的宽泛性,文化研究者往往根据各自不同的视角,对文化做不同的分类。例如:从时间角度上,可分为原始文化、古代文化、近代文化、现代文化等;从空间角度上,可分为东方文化、西方文化、非洲文化、南亚文化等;从地理环境上,可分为大陆文化、海洋文化、草原文化等;从文化的结构或自身逻辑上,可分为物质文化、制度文化、行为文化、精神文化等。

既然文化是人类有意识地作用于自然、社会和人类自身的一切活动及其结果,那么,从人类活动蕴含的各种关系(人与自然的物质变量关系、人与社会的行为转化关系、人与自身的自我意识关系)的角度观察和分析文化的构成就是最恰当的了。概言之,文化结构的浅表关系呈现为:制度文化、物质文化、精神文化与行为文化。

(1)制度文化。制度文化的形成是一个动态过程,它源于社会成员在长期社会实践中的互动与经验积累。社会成员在共同生活中逐渐形成共识,这些共识经过时间的沉淀,逐渐演化为一套被广泛认可的行为规范。这些规范不仅反映了社会成员的共同价值观,也体现了社会对于公平、正义的追求。

制度文化对个体的影响是深远的。它通过法律、规章等形式,对个体的行为进行约束和引导,促使个体在社会生活中遵循既定的规则。这种约束并非单向的,它同时也为个体提供了行动的预期和稳定性,减少了社会交往中的不确定性和冲突。

(2)物质文化。物质文化作为文化体系中的基础性构成,其活跃性和动态性是文化发展中不可或缺的动力。人类的物质生产活动不仅是生存的前提,也是文化创新与传承的重要途径。物质文化的形成和发展,是人与自然相互作用的结果,体现了人类对自然资源的认识、利用和改造能力。

在人类社会的早期阶段,物质文化主要表现为基本生活需求的满足,如食物的获取、衣物的制作、住所的建造和交通工具的发明。随着社会的进步和技术的发展,物质文化逐渐丰富和多样化,成为推动社会前进的强大力量。从农业时代的农具和灌溉系统,到工业革命的机械和工厂,再到现代信息技术的电子产品和互联网,物质文化的发展不断改变着人类的生活方式和生产模式。

物质文化的发展不仅满足了人类的基本需求,也促进了精神文化、制度文化和行为文化的形成和发展。在传统的农业社会中,物质文化的积累和传承,形成了复杂的社会结构和宗法关系,影响了群体成员在衣、食、住、行等方面的规范和习惯。

这些规范和习惯,反过来又进一步推动了物质文化的发展和创新。

(3)精神文化。作为文化整体核心的精神文化,是在人类长期有意识的社会实践活动中,形成的总体社会心理意识,并具体表现为特定民族的道德情操、价值观念、思维方式、审美趣味、性格特点和民族情感等。

精神文化可以具体划分为两个层次,即社会意识和社会心理。其中,社会意识主要是指社会心理系统加工后的主要成果,既表现为思想、观念与信仰的定性归纳,又表现为社会存在的深刻反映与物化展示。社会心理指的是受物质文化影响以及制度文化约束,与行为文化具有互融、互相作用与联系,并且零散存在的大众心理。

民族与时代特点鲜明的精神文化,可以通过文学与艺术作品,反映特定时期个体的情趣追求与愿望需求。因此,文学作品的艺术风格与思想内容,必然反映了作品诞生时代的精神文化。我国古代文学与近现代文学,都擅长以曲折的笔触,描画生动的情节,用丰富的手段叙事,创作伦理题材的文学作品。

(4)行为文化。行为文化是社会成员在长期社会实践中形成的行为模式和交往习惯的体现。它不仅反映了特定时代的制度文化特征,而且深受精神文化的影响和塑造。行为文化的形成和演变,是一个复杂的社会过程,涉及个体与集体、传统与现代、本土与外来的多重互动。

在日常生活中,行为文化以风俗习惯的形式出现,具有鲜明的时代性和民族性。它包括了人们在社交、礼仪、娱乐、节庆等方面的习惯做法,以及在工作、学习、家庭生活等方面的常规行为。这些行为模式和交往习惯,既是社会成员个体行为的自然表现,也是社会规范和价值观念的具体体现。

制度文化对行为文化的影响是显而易见的。制度规范,无论是以物质实体的形式存在,还是以非物质性的精神和良知的形式存在,都对个体行为产生约束和引导作用。在制度文化的框架下,社会成员的行为受到法律、规章、习俗等有形或无形力量的规范,形成了一套相对稳定的行为模式。

行为文化也受到精神文化的影响。价值观念、道德规范、审美情趣等精神文化要素,通过教育、传媒、艺术等途径,渗透到个体的思想意识中,影响和塑造着行为文化。随着物质文化的发展和精神文化的更新,行为文化也会相应地发生变化,表现出与时俱进的特点。行为文化的发展,是一个动态的、开放的过程。它既要继承和发扬优秀的传统文化,又要吸收和借鉴外来文化的有益成分。

4.文化的特征

文化作为一种复杂的社会现象,其特征在多个维度上得到体现,其中民族性、变化性、时代性、阶级性是其显著的四个维度。

(1)民族性特征。不同民族在历史演进、地理环境、语言系统、宗教信仰等多重因素的影响下,孕育出了各自独特的文化传统和表现形式。这些文化传统不仅是民族历史和价值观的反映,更是民族身份认同的重要标志。在文学、戏剧、绘画、书法等艺术形式中,中华文化的深厚底蕴和民族性的独特性得到了充分的展现。这些艺术形式作为文化传承的载体,不仅承载着民族的记忆和情感,也是民族智慧和创造力的体现。

不同民族文化之间在表现形式上可能存在差异,甚至对立,但这些差异并不妨碍它们之间的共性存在。文化共性体现在人类对于美好生活的共同追求、对于道德和精神价值的普遍认同,以及艺术表达和社会实践中的相似性。这种共性与差异性的并存,是世界文化多样性的重要基础,也是促进不同民族文化相互理解和尊重的关键。

文化多样性是人类文明进步的重要动力。不同民族文化的独特性和共性相互交织,共同推动了人类社会的发展和繁荣。在全球化的背景下,尊重和保护文化多样性,促进不同民族文化的交流与融合,对于构建和谐世界具有重要意义。通过文化间的对话和交流,可以增进不同民族之间的相互理解和尊重,促进不同文化之间的相互学习和借鉴,从而推动人类文明的共同进步。

(2)变化性特征。文化作为一种社会现象,其具体内容与形式并非静态不变,而是随着时代的变迁而发生相应的演变。在历史的不同阶段,生产力的发展水平和社会结构的变动对文化的具体表现产生了显著的影响。在资本主义时代之前,各民族或国家的文化发展主要局限于自身的地域范围内,由于缺少广泛的交流与互动,文化的形成和发展更多地体现了国家或民族内部的历史性特征。

在这一时期,文化的内容和形式往往与当地的自然环境、经济活动,以及社会组织等因素紧密相关。例如,农业社会的文化可能更加注重对土地的崇拜和季节性节日的庆祝,而游牧社会的文化则可能更加强调对牲畜的依赖和迁徙的生活方式。此外,宗教信仰在很多情况下也是文化内容的重要组成部分,它影响着人们的价值观、道德规范以及艺术创作。

随着时间的推移,尤其是进入资本主义时代之后,随着工业化和全球化的发展,不同文化之间的交流与互动日益频繁。这导致了文化的相互影响、借鉴和融合,从而使得文化的内容和形式更加多样化和复杂化。在这一过程中,文化不再仅仅是单一民族或国家的内部事务,而是成为了全球范围内的共享资源和交流平台。

文化的发展是一个动态的过程,它既包含了历史传承的连续性,也包含了时代变迁的创新性。对文化内容和形式的深入理解,有助于揭示人类社会的发展历程,促进不同文化之间的相互理解和尊重,推动人类文明的共同进步。

(3)时代性特征。文化的时代性特征是其固有属性的核心表现,它在决定文化内容的同时,也深刻影响着文化的表现形式。文化的时代性不仅反映了特定历史时期的社会结构、价值观念和技术发展水平,而且随着时代的演进,文化的具体内容和形式也会发生相应的变化。这种变化体现了文化的进步性特征,即文化的发展与时代的进步紧密相连,它遵循着历史发展的规律,并随着社会的发展而不断演进。

文化的进步性特征意味着,处于任何时代或社会形态的文化都带有时代的烙印,但并非所有文化都能与当前的社会发展状况相适应。一些文化元素可能与现代社会的价值观和发展方向不完全一致,而另一些则可能被视为该时代的精华。从哲学的角度来看,文化不仅反映了特定时代的情况,而且那些能够体现时代发展方向、符合社会发展趋势的文化元素,可以被视为该时代的精华。这些文化元素之所以被视为精华,是因为它们不仅能够反映时代的主体部分,还能够为解决某些问题提供重要的参考和启示。

(4)阶级性特征。文化的阶级性特征是其社会属性的重要体现,它在不同时代中表现出显著的特点。在阶级社会中,文化不仅展现了特定阶级的利益和价值观,同时也包含了跨越阶级界限的普遍性内容,如语言、风俗习惯等。这些普遍性内容作为人类共同的文化遗产,反映了人类共通的社会生活和心理特征。

文化作为人类创造的产物,不可避免地受到人类阶级性特征的影响。人的阶级属性在一定程度上决定了其目的、情感、爱好以及品质,并在文化中得到反映。特别是人文文化,它不仅构成了社会意识形态的核心部分,也是社会文化的重要组成,其发展和表现受到经济关系的深刻影响。人文文化主要包括法律、政治学、哲学和道德等领域,这些领域能够反映出特定时代的经济关系和阶级群众的利益关系。

在阶级社会中,哲学、道德和法律等文化内容不仅包含了丰富的知识体系,而且具有鲜明的意识形态特征。这些文化内容在很大程度上反映了统治者的思想和价值观,体现了统治阶级的意识形态和阶级立场。统治阶级的思想对社会文化的形成和发展产生着决定性的影响,而被统治阶级则在一定程度上需要遵循统治者的意愿和文化导向。

5. 文化的功能

文化的功能体现在以下两个方面:

(1)创造功能。文化不仅是社会发展的产物,也是推动社会前进的重要力量。文化具有显著的创造功能,它在社会实践中不断地被创造和享用,展现出多样化的表现形式。社会结构的差异性决定了文化产物的性质,不同的社会形态孕育出具有其独特阶级性或政治性特征的文化。

文化属于社会遗传范畴,其产生和发展与社会结构的性质紧密相连,并与社会制度保持一致,从而实现社会的稳固和连续性。文化的精神性和社会性特征意味着它与人类的精神活动密切相关,但同时也需要通过物质或语言的形式在社会中得到表达和传播。

社会作为文化的载体,使得个体的主观精神和意识能够转化为客观的社会意识,对社会产生深远的影响,并塑造出具有特色的社会文化环境。社会阶级体系对人民群众的生存环境产生间接影响,进而影响人的成长和发展。个体在成长过程中,受到教育、家庭、社会风气等多方面因素的塑造,通过感知社会文化环境的变化而逐渐被社会同化。

(2)建设功能。对于目前社会主义市场经济体制而言,文化的这一功能不仅与新时代社会主义的制度和发展相符合,而且还与新时代社会主义文化观念一致。经济是文化发展的基础,因此社会主义经济建设会促进文化建设,并为其奠定物质基础。由此可见,文化形态应与国家政治观念和经济政策一致,即文化建设应当建成符合社会主义制度的文化,而不是建成具有市场经济特性的经济文化或工业文化。

社会主义文化作为社会发展的重要组成部分,其建设和发展与物质文明的进步紧密相连,受到经济基础的深刻影响。在社会主义国家,文化建设应与经济建设同步进行,确保两者相互促进、协调发展。社会主义文化的发展,以社会主义生产资料公有制为基础,这一制度决定了社会主义文化的发展方向和特点。

社会主义文化不仅反映了经济基础的要求,同时也对经济建设产生积极的反作用。文化通过塑造社会主义核心价值观、提升公民素质、增强社会凝聚力,为经济建设提供精神动力和道德支撑。

为了推动社会主义文化的发展,需要强化文化建设的制度政策和具体方针。这包括改进文化体制,完善文化市场机制,丰富文化产品和服务,以及提高文化创新能力。通过采取这些措施,可以确保社会主义文化政策得到有效实施,满足人民群众日益增长的精神文化需求,促进社会主义文化的繁荣。

相比以往传统的文化建设,处于社会主义市场经济条件下的文化建设明显有了快速、积极的发展。对于市场经济而言,它为社会主义文化建设提供了一定基础。市场经济为社会主义文化的建设、发展带来了更多资金,这种物质基础不仅可以激发人民群众的创造热情和创作潜能,还能够带来一定竞争压力,提高人民群众的参与积极性和主观能动性,从而促使更多优秀的作品、人才出现。当这些优秀人才和作品积累到一定程度,便会形成组织化和产业化,从而为文化建设提供新的市场,促进优秀文化产物的产出、交易及文化的传播。由此可见,市场经济可以大幅拉近人民群众与社会主义文化之间的距离,促进文化事业的发展和文化的传播,并间接促进经济发展和社会和谐。除此之外,市场经济条件下的文化建设改变了传统时代下文化只与少部分人接触的现状,使众多人民群众可以投身于社会主义文化建设过程中,促进了文化的普及和流传。

(二)中华优秀传统文化

"中华优秀传统文化是中华民族弥足珍贵的精神财富,是中华民族的根和魂。"①从历史长河来看,中华优秀传统文化的积淀、形成、磨炼和传承是一个不断创造和创新的过程,其内涵随着时代的发展而发展。今天,我们推动中华优秀传统文化创造性转化和创新性发展,要适应时代的发展变化,随着中华民族伟大复兴的进程而与时俱进。

中华民族经过千百年的发展历史,才沉淀出了中华的传统文化。中华传统文化博大精深,具有强烈的继承性、民族性和历史性,并且给当代人们的生活带来了巨大的影响。

中华文化,作为中华民族历代祖先智慧与创造力的结晶,其文化产品不仅在国

①顾月华.传承和弘扬中华优秀传统文化[J].江苏教育,2023(33):7-11.

内广为流传,亦远播海外,成为中华文化的典型代表。中华文化作为一种历史性概念,其内涵与外延随着时间的演进而不断丰富与发展,超越了单一国家实体的界限,成为了具有广泛地域意义的文化标识。

在中国古代,"中国"二字最早见于西周时期的铜器铭文,其中"中"字象征着中心,而"国"字则源于表示城邑的象形文字。随着社会结构的演变,从母系氏族公社向父系氏族公社的过渡,以及氏族部落的合并,出现了统一领导各城邑的国君,筑城而居的生活方式逐渐取代了游牧生活,城邑及其周边地区成为国君的统治范围。

夏朝,作为中国古代文明的发祥地之一,其居民因居住在中原地区黄河流域的中心地带,故其所在城邑成为"中国"二字的最早指代,实际上指的是洛邑的中心区域。这一称谓不仅反映了夏朝人对自己居住地的地理中心地位的认识,也体现了中华文化在地理上的中心性和文化上的凝聚力。

中华文化的形成与发展,是中华民族在长期的历史进程中,通过不断的社会实践和文化创造活动,逐渐积累和沉淀的结果。中华文化的传承与创新,不仅对中华民族自身的发展具有深远的影响,也为世界文化的多样性和人类文明的进步做出了重要贡献。

中国有五十六个民族,各个民族分布于我国的大江南北以及东南诸岛,形成了联系与区别同在的地域文化,并由此组成了独具特色的中华文化。地域文化历经漫长的发展,相互之间不断冲撞、整合、吸纳、促进及影响,最终凝聚为多源头合一化发展的中华文化。正是中华文化特殊的建构历程,使其拥有不同寻常的团结力与凝聚力。中华上下五千年,朝代的更迭不曾止息,但是传统文化的命脉却不曾中断。这种绵延数千年的中华文化,时至今日依然可以散发出历久弥新的强大生命活力,这在四大文明古国中是唯一的。

1. 中华优秀传统文化的界定

传统是由一系列世代相传的信念、制度与行为模式组成,深刻体现了文化的本质特征。在古汉语中,"传"字的本义与传播政令信息的"驿"相关,象征着信息与知识的传递。随着时间的推移,"传"字的含义扩展到了相传、延续、传授与继承等更为广泛的文化传递过程。

传统文化并非静态不变,它在现代社会中展现出一种被动中的主动性,不断地与时代发展相融合,展现出新的活力与面貌。传统文化的稳定性为民族提供了一种连续性和认同感,它在民族的日常生活中得到体现,成为主导精神内涵的具体表现。

民族文化的展示不仅是对传统的一种传承,也是对民族价值取向的一种体现。它对民族认同感的凝聚具有深远的影响,同时能够塑造特定群体的生活方式和行为模式。因此,传统文化在现代社会中具有不可忽视的现实意义。

对于中华民族而言,团结一心、砥砺奋进的精神,以及与时俱进、继往开来的态度,都是全面建成小康社会、共创美好未来的重要基础。中华传统文化,作为历经漫长时间发展形成的稳定文化形态,它不仅包含了物质层面的丰富遗产,如文物典籍、礼仪制度、文学艺术和科技教育等,也涵盖了精神层面的道德情操、风俗习惯、思想观念以及行为和生活方式等。

2. 中华优秀传统文化的发展历程

(1)萌芽期。人们常说自从有了人,就开始了人类社会及其历史,也就有了人在历史活动中所创造的文化。中华传统文化的远古源头正是因此而被逻辑地确定的。我国传统文化在发展之初,就呈现出多元态势,文化成果遍及长江、珠江与黄河流域,在青藏高原、松江高原以及新旧石器时代的历史遗址,我国优秀的传统文化广泛存在。在从猿到人的发展过程中,中华传统文化逐渐萌生并发展起来。与多元状态相联系,中国远古时期的文化也就呈现出多姿多彩的状态。原始人在漫长的生产实践劳动中,才智与技能有所提升,知识储备不断丰富,视野也不断开阔,并且发明了语言,创造了文字,由此开始出现绘画、雕刻、音乐和舞蹈等。

中华传统文化在走过了远古的萌芽期之后,至夏、商、周三代,伴随着经济的发展而逐渐具备了雏形。

关于夏代的文化,殷因于夏礼,所损益可知也;周因于殷礼,所损益可知也。夏代文化为商、周两代文化繁荣奠定了基础。夏朝是中国第一个奴隶制政权。夏代的历法,是中国最早的历法。

商代是中国历史进入青铜时代的兴盛时期。这时的文化取得了不少新成就。商代的历法继承夏历,在夏历的基础上把中国最早实行的阴阳合历逐步加以调整,使它逐渐趋于完备。商代文字主要保存在甲骨、铜器及其他器物的刻辞里,其中以甲骨上的刻辞为最多。这种刻辞书体非常美观,是宝贵的书法艺术作品。商代的雕塑艺术已发展到较高水平,在许多青铜器上面,装饰有绚丽的花纹,有些玉、石、骨的制品上也雕刻着精美的花纹。当时的音乐水平已相当高,也发明了成组的乐器,现在已发现的有陶埙、铜铃、鼓等,都适于演奏乐曲。在生产力发展的基础上,进步的西周文化开始重视后代教育,幼童需要掌握基本的"六艺"技能与相关知识,并做到礼、乐、射、御、书、数样样精通。这种全面的教育,奠定了后代教育的基础。

西周时期,中华传统文化在音乐与诗歌的结合上取得了显著成就,为礼乐文化的发展奠定了坚实的基础。这一时期的音乐旋律与诗歌的结合,形成了具有不同格律的国风、民歌以及雅、颂等配乐演奏的乐章,这些乐章不仅在宫廷中演奏,也在贵族教育中流行,对文学艺术的发展起到了推动作用。

西周的音乐发展还体现在乐器种类的扩展和音乐理论的进步上。当时的乐器种类繁多,包括了打击乐器如编钟和各种鼓铙,以及新出现的弦乐器如琴瑟和管乐器如笙竽。这些乐器的音色丰富,涵盖了金、石、丝、竹、革等多种材质的声音,形成了多样化的音乐表现手法。随着乐器种类的增加,对演奏的和谐性要求也越来越高,这促使音律理论得到了进一步的发展和完善。

西周时期音乐与诗歌的结合,不仅是文化艺术的一种表现形式,更是社会文化传承和发展的重要载体。这种文化现象的兴起,反映了当时社会对文化教育的重视,以及对审美和艺术追求的提升。从远古到西周的文化积累,为中华传统文化的博大精深提供了宽广而丰厚的土壤,为后世的文化发展和创新奠定了坚实的基础。

(2)形成期。春秋战国时期,也是中华传统文化的形成时期。社会大变革、大动荡不仅为当时的知识分子提供了丰富多彩的思想素材,也是百家争鸣现象出现的最重要的文化背景。这时期中华传统文化的其他方面也取得了辉煌成就:

文学方面,《诗经》《楚辞》是其杰出代表。诸子散文被后世尊为典范;史学方面,以《尚书》和《春秋》最为著名。《春秋三传》和《国语》也是本时期的史学杰作。

教育方面,孔子在教育思想和教学法上,摸索了一些有益的符合认知规律的东西,如"知之为知之,不知为不知""学而时习之""温故而知新""因材施教"等;科技方面,在天文学和医学上取得了相当高的成就,如哈雷彗星的记录,《甘石星经》等。

(3)发展期。战国以后,中华传统文化进入一段由秦朝到晚清的漫长的发展历程。这一时期中华传统文化逐渐由成熟走向繁荣,又从繁荣走向衰微。公元前221年,秦统一了六国,但秦王朝统治不久,就被刘邦建立的大汉王朝取代。汉承秦制,为其后两千多年中国历史的发展奠定了基本格局。汉武帝"罢黜百家,独尊儒术",儒学上升为官学,文化上开始了经学时代。其后,各种学术都笼罩在经学之下或包括在经学之中。哲学方面,有汉代儒学、魏晋玄学、隋唐佛学、宋明理学以及清末文学,在名家辈出的时代,董仲舒和朱熹的哲学思想最具代表性。

3.中华传统文化发展的条件

(1)中华传统文化发展的地理环境。地理环境作为文化生成的土壤,对中华传统文化有着深远的影响。从广袤的疆域、多样的地形地貌,到丰富的资源与气候条件,无一不塑造着中华文化的独特面貌。因此,深入理解中华传统文化发展的地理环境,是揭示其深厚底蕴与内在逻辑的重要一环。

首先,天然的地理屏障,促进文化的形成。差异化特性显著的地理环境,是不同文化类型及其特征形成的物质基础。地理环境是文化发展的促成因素,我国四周天然的山脉与海洋,可以起到有力的封闭与阻隔效果。位于亚洲东部、南部与东部靠海的中国,其余各个部位均与欧亚大陆相连,内部有多条河流穿过,高原峻岭与沙漠对西北地区的阻隔,有利于形成相对封闭的地理屏障。位于我国西部的帕米尔高原,其四向延伸的山脉,将亚洲划分为东、西、南、北四个部分。中国西南部的喜马拉雅山脉,是分隔周边诸国的天然屏障。我国西南部的江河流域与横断山脉、热带丛林,是我国与南亚诸国的天然阻隔。位于我国北部的内蒙古大草原与大兴安岭山脉,将域外民族隔离在外。我国东部与南部绵延的海岸线,使得海上交通自唐宋时期开始日益繁盛,明代郑和下西洋的探索之旅更是闻名世界。

其次,季风气候带来丰富的地理资源,促进文化多样化。由于季风气候显著,各地干湿冷暖差别很大。我国东部地区气候温暖湿润,西部地区气候寒冷干燥,由此形成的生产习惯,历朝历代并未有太多改变。东南部中原地带的农耕文化,与西北部草原地带的游牧文化,形成了天然的生产性人文自然景观。国内南北温湿度的变化,使秦岭与淮河南部的古代居民,常以种植水稻为主业,秦岭、淮河以北与长城以南的古代居民,以种植小麦和玉米为主业,长城以北的游牧民族,则以畜牧业为主业。正是地理资源存在的差别,使得国内的诸多民族得以形成大杂居、小聚居的分布格局,共同存在的多种经济成分,为各类文化的发展提供了坚实的自然基础。

最后,丰富的地理资源与独特的季风气候,使古代中国一直缺乏对外开放、向外进取的条件和动力,封闭性大于开放性,加上中华先民的勤劳智慧,使古代中国在一段时间里成为世界东方乃至整个世界最富足最强大的国度。形成的文化带给人们两方面的影响:正面的影响是向内增强了中华文化的向心力,使中国长期维持了大一统局面并获得了不断的发展和壮大,负面的影响是向外没有探索外界的观念,造成了不良影响。

(2)中华传统文化发展的经济基础。农耕文化是我国传统经济的文化基础。农业为中华儿女提供了取之不尽、用之不竭的生存资源,由此形成的农耕文化,影响着我国传统商业、手工业和畜牧业的发展。

中国作为世界农业文明的发祥地之一,其农业的起源可追溯至新石器时代之初,约一万年前。考古学证据表明,农业的发展并非归功于个别英雄人物,而是一个逐渐演进的社会过程。在中国北部地区,约五千年前,气候由温暖湿润向寒冷干燥转变,导致大量农业人口向南迁移,黄河中下游地区因此成为农耕文化的发源地,而长城以北地区则逐渐形成了游牧民族的居住地。

中国古代农耕文化的成就极为辉煌,其发展历程在很长一段时间内保持着世界领先水平。夏、商、周三代的更迭与发展,为春秋战国时期的技术革新奠定了基础。在这一时期,铁质农具的广泛使用、牛耕技术的大面积推广以及水利灌溉工程的大量建设,极大地扩展了耕地面积,促进了小农经济的繁荣。秦汉时期,铁犁、农车和代田法的改进进一步提高了生产效率,推动了农耕区域的扩大。

隋唐以后,长江中下游地区开始成为农业产业化发展的重点区域,并逐渐成为国家财政收入的主要来源。宋、元、明、清各朝,南方一直是国内农耕经济和桑蚕养殖业的中心。京杭大运河的利用,更是实现了南方粮草向北方都城的大规模运输,支撑了北方都城人口的生活需求。

中国古代农业的发展不仅在技术层面取得了显著成就,而且在经济和社会结构上也产生了深远影响。农业的持续进步为社会稳定和发展提供了坚实的物质基础,同时也推动了手工业和商业的繁荣,促进了中国文明的综合进步。这一时期的农业文明,不仅对中国历史发展产生了重要影响,也对全人类文明的进步做出了贡献。

通过分析我国古代农业的发展历程,可以发现我国的农耕经济起步较早,发展稳定并且未曾中断,具有突出的发展成就与较高的发展水平。此外,分散经营、包产到户、自给自足的小农经济,是我国古代农业最主要的生产形式,由于粮棉与农桑相结合的精耕细作方式,具有较高的集约化程度,我国古代农业取得了辉煌的发展成就。

二、中华优秀传统文化的类型

文化类型,简单来讲就是各种文化形态体系中蕴含的最具特色、最能体现一种文化本质属性的集合,包含社会群体共同的价值观念、思维方式、心理状态、精神风貌等。透过文化类型,可以深入了解某一文化所具有的深刻内涵。中华优秀传统文化,从其类型上来说,大致可以分为三种类型:农业型文化、伦理道德型文化、崇正排异的学术型文化。

(一)农业型文化

文化观念与生产方式之间的内在联系是文化分类的重要依据。基于此,文化被划分为农业文化、工商文化、游牧文化等不同类型。特定的地理特征,如大河与大漠的并存,对农业与畜牧业的长期共存起到了决定性作用,其中农业往往占据主导地位。中国的传统文化,以其深厚的农业型文化特征,成为这一类型的典型代表。

在中国悠久的历史长河中,"重农抑商"的政策反映了农业型文化的心理特点,并对历朝历代产生了深远的影响。这种政策体现了对农业的高度重视,这一点在当今中国国民经济中农业的基础地位中仍然可见。在古代社会,土地的占有量是衡量个人社会地位和财富的重要标准,而"有田方有福"的观念深植于中国人的文化心理之中。

农业型文化从其产生之初,就倡导一种稳定安宁、保守沉稳的生活方式。这种文化背景下形成的实践观"一分耕耘,一分收获"成为了中国人心中根深蒂固的价值观。这种价值观在一定程度上塑造了中国人的精神境界,促使国人自古以来就倾向于爱好和平、安分守己,追求自给自足的生活状态。

农业型文化的这种潜移默化的影响,不仅在历史上对中国社会产生了深刻的影响,而且在现代社会中仍然具有重要的意义。它不仅反映了中国人的价值观念和生活方式,而且对于维护社会稳定、促进社会和谐具有积极的作用。同时,这种文化特征也为理解和研究中国传统文化提供了重要的视角。

(二)伦理道德型文化

人类社会的发展历史上,人与人之间的关系是纷繁复杂的,人际关系构成了社会结构的基础,而血缘或血亲关系是最原始且基本的一种。这种基于婚育而自然形成的关系,在中国古代社会中逐渐演化,并最终形成了具有制度性质的伦理道德体系。这一体系不仅是中国传统文化的重要组成部分,也深刻地反映了中华文明的伦理思想和道德观念的发展轨迹。

中国古代虽未形成独立的政治理论体系,但政治思想和学说颇为丰富。伦理精神的萌芽可追溯至商周时期,而到了春秋战国时期,儒家思想开始占据主导地位。儒家将"仁"作为其思想的核心,孔子更是将"孝"视为"仁"的根本,认为孝悌是人的根本道德。进入汉代,伦理思想得到进一步的发展,"三纲五常"的概念在这一时期由董仲舒提出,对后世产生了深远的影响。到了宋明时期,伦理思想进一步完善,形成了更为系统和成熟的道德规范。

明末清初,随着社会的发展和人们思想的觉醒,思想家们开始探讨人的物质欲望问题,对封建礼教的束缚提出了质疑,这对于当时社会的思想解放具有重要的启蒙作用。在这一过程中,形成了被后世誉为"传统美德"的伦理道德精华,如"爱国""诚信""礼义""修身""重孝"和"求善"等,这些美德至今仍被视为中华文化的宝贵财富。

中国传统的伦理道德文化,以其深厚的历史积淀和道德内涵,成就了"礼仪之邦"的美誉。在当代社会,继承和弘扬这些伦理道德文化中的积极成分,对于推动社会主义道德文明的建设具有重要的现实意义。

(三)学术型文化

中华传统文化之所以能够历经沧桑而传承不息,很大程度上得益于其独特的大陆性文化环境。这种环境为文化的持续发展和创新提供了肥沃的土壤。中国作为世界四大文明古国之一,其文化传承的连续性和稳定性是世界文化史上的一大奇迹。中华传统文化对外来文化展现出了强大的包容性和改造力,能够将诸多外来文化融入自身的文化体系之中,并赋予其鲜明的中华特色。楚文化、吴文化、西域文化等,都是在与汉文化的交流融合中逐渐形成了具有中国特色的地域文化。

在这一融合与创新的过程中,中华传统文化逐渐形成了浓厚的学术氛围。儒家文化作为中华传统文化的主流思想,对历史学、哲学、教育学、艺术等多个领域产生了深远的影响。儒家文化的核心理念,如"仁、义、礼、智、信",不仅构成了中华民族的道德规范,也成为了中华优秀传统文化的重要组成部分。

中华传统文化的连续性与稳定性，与其独特的地理环境和历史发展密不可分。中国广阔的大陆性地理环境，为文化的多样性和丰富性提供了空间。不同地域之间的文化交流与融合，促进了文化的相互借鉴和共同发展。同时，中华传统文化在历史发展过程中，不断吸收和融合外来文化，形成了开放包容的文化特质。

儒家文化的核心价值观念，如"仁、义、礼、智、信"，是中华民族道德规范的基石。这些价值观在历史发展过程中，不断被传承和弘扬，成为中华民族精神文化的重要组成部分。儒家文化强调人的道德修养和社会责任感，倡导和谐共处、尊重传统、注重教育，这些思想对于维护社会稳定、促进社会和谐具有重要意义。

在汉代，董仲舒提出的"重德教，轻刑罚"的思想，强调道德教化的重要性，主张通过道德教育来引导人们的行为，而非仅仅依靠刑罚来约束。这种思想对于中华民族大一统文化观念的形成起到了关键作用。同时，董仲舒推崇儒家积极入世的进取精神，鼓励人们积极参与社会事务，为社会的进步和发展贡献力量。

中华传统文化的传承与发展，是一个不断吸收、融合、创新的过程。在这一过程中，中华传统文化形成了独特的文化特质和价值观念，对于中华民族的发展和进步具有深远的影响。同时，中华传统文化的开放包容性，也为世界文化的交流与发展做出了重要贡献。

第二节　传统文化的精神与特性

一、传统文化的精神

文化精神作为文化的核心与灵魂，是文化价值观念、思想理念和行为模式的集中体现。它不仅渗透于文化的各个方面，更是文化传承和发展的内在动力。中华优秀传统文化，作为中华民族在长期社会实践中形成的智慧结晶，蕴含着深厚的文化精神和价值追求。

中华优秀传统文化的形成，是一个历史长河中不断积累、提炼和升华的过程。它不仅仅是对过去的简单继承，更是在历代思想家和广大民众的实践中，通过不断的交融、汇聚、会通和更新，形成了具有独立性、连续性和稳定性的文化体系。这一文化体系不仅体现了中华民族的精神追求，也反映了中华民族对于宇宙、社会、人生的深刻理解和独到见解。中华优秀传统文化不仅在形式上具有多样性，而且有

着独特的气质和丰富的内涵,就其基本精神来说,可以概括为以下方面:

(一)自强不息的进取精神

中华文化的卓越之处在于其根植于自强不息的进取精神,这一精神贯穿于中华民族的历史长河,深深渗透在每一个中华儿女的心灵深处。这种进取精神源自古代先贤对天人合一的理解,强调顺应天道,与天地之间的运行方式保持一致。将天地"刚健有为"运行法则作为人们自身生活法则,是中华文明的精髓所在。这一思想的核心理念,即自强不息的进取品格,成为中华民族团结向心力的源泉,塑造了中华民族的集体人格。

古代先贤们所倡导的"天人合一"哲学,构成了中华文化精神的核心。这一理念认为,人应顺应自然天道,与宇宙万物保持和谐统一的关系。在这种思想的指导下,人类与自然界被视为一个不可分割的整体,强调了人类行为与自然规律相协调的重要性。遵循天道,以"刚健有为"的精神态度生活,不仅是生存的需要,也是文化传承和发展的基石。这种思想深刻影响了中华民族的价值观念,并成为中华民族自强不息、勇于进取的精神源泉。

中华民族的自强不息精神是一个逐渐积累和深化的历史过程。从夏商周三代到战国时期,民族在历史的洪流中历经挑战与困难,但正是这些经历,使得自强不息的精神得以凝聚并根植于民族精神的深处。古代的君子将"修身齐家治国平天下"作为自己的人生使命,通过不懈地自我提升和努力,追求个人道德修养的提高和社会责任的履行。这种以自我完善和社会和谐为目标的进取品格,在中华文明中被赋予极高的道德价值,成为激励中华民族不断追求进步的精神动力。

在中华文化中,自强不息的进取精神不仅体现为个人修养的要求,更是一种社会责任感的体现。它鼓励个人在道德、智慧和能力上不断自我超越,以实现个人与社会的和谐发展。

在当今社会,自强不息的进取精神仍然是中华民族的宝贵财富。在科技飞速发展、全球化的背景下,中华民族需要不断汲取先进文化的营养,保持对未来的积极进取态度。面对全球性的挑战,如气候变化、公共卫生危机等,中华民族需要以更加坚韧的毅力和更加积极的态度,迎接未来的挑战。

为了传承和弘扬自强不息的进取精神,需要从多个方面入手:首先,教育是培养进取精神的重要途径,在教育体系中,应注重培养学生的创新意识和实践能力,激发他们面对困难时的积极进取态度;其次,社会环境也是影响人们进取精神的重要因素,社会应该营造积极向上的氛围,倡导奋发向前的价值观,为每个个体提供施展才华的空间;最后,媒体作为信息传播的重要渠道,应当引导社会关注和宣传那些展现自强不息的进取精神的典型案例,激发公众的向上动力。

(二)厚德载物的包容品格

中华文化的卓越之处在于其对道德的高度重视,将道德视为个体成长和社会发展的重要导向。在中华民族的漫长历史中,道德成为人们行为选择的基本依据,是价值判断的根本准则。其中,厚德载物的包容品格是中华优秀传统文化中一种独特而重要的柔性特质,它体现了中华民族胸怀宽广、宽以为人的文化精神。

中华文明的特征之一是胸怀远大、宽容耿直。这一特质在厚德载物的包容品格中得以体现。从古至今,中华民族一直以来都注重克己慎省、宽以为人,将宽广的容纳之心融入于文化传承之中。这种包容品格不仅体现在对个体之间的宽容,更体现在对自然、社会乃至整个宇宙的宽厚坚毅。类似于大地的自然特性,中华文化崇尚默默承载、养育万物而不求回报的精神,将这一品性特质内化为自身的德性修养,形成了厚德载物的包容品格。中华文化的包容品格不仅在于人际关系中显现出的对个体差异的尊重和理解,更在于其对自然界、社会乃至整个宇宙的宽容与坚毅。中华文化倡导的是一种无私的奉献精神和内在的德性修养,并将这种精神内化为个体的道德素质和行为习惯。

在中华文化中,厚德载物的包容品格被视为至高无上的美德。它不仅塑造了中华民族的民族性格,也为社会和谐与稳定奠定了基础。这种包容性使得中华文化能够吸纳和融合多元文化,形成丰富多样的文化体系。同时,它也为个人提供了一种道德修养的路径,鼓励人们在日常生活中实践宽容、谦逊和自我反省。

厚德载物的包容品格源自中华文化对人生观、价值观的深刻思考。传统文化中,强调克己奉公、宽以为怀,将个体情感、行为举止融入整个社会和自然生态系统的大格局之中。这种包容品格的根本理念在于人们应当像大地一样,广泛包容各种不同的存在,为社会的和谐共生提供肥沃的土壤。宽广如大地,大地不分贵贱,容纳着高山大川,孕育着千川万流。同样,人们应当以宽厚的胸怀对待他人,不分贵贱、宽以为人,共同创造一个和谐包容的社会。

这种包容品格在日常生活中得以体现。无论是家庭、社会还是国家,都需要人们拥有一颗宽容、包容的心。在家庭中,成员之间可能存在不同的思想、习惯和生活方式,但如果每个成员都能像大地一样包容对方,理解彼此的差异,家庭就能更加和谐幸福。在社会中,各种文化、宗教、价值观的碰撞不可避免,而拥有厚德载物的包容品格可以化解矛盾,促进社会的共同进步。在国家层面,多元文化的存在需要国民有一颗包容的心,共同建设一个多元而和谐的国家。

厚德载物的包容品格还在对待自然界上得以体现。传统文化中,人与自然是一个整体,人类应当像大地一样默默承担起养育万物的责任。这种包容品格让人们在对待自然资源、生态环境时更加谦虚和谨慎。保护环境、爱护动植物,是一种对大地的敬畏和感恩之情的体现。这种包容品格的价值在于让人们在追求自身利益的同时,充分考虑到对自然界的保护,实现人与自然的和谐共生。

在当今社会,厚德载物的包容品格依然具有深远的意义。面对复杂多变的社会现实和全球性的挑战,中华民族需要更加强调包容,以宽广的心胸对待多元文化、不同观念和价值取向。在国际交往中,通过理解和尊重其他国家的文化,形成互利共赢的合作关系,共同应对全球性问题。在国内建设中,通过推动社会的多元发展,促进各个群体的共融,实现全社会的共同繁荣。

为了弘扬和传承厚德载物的包容品格,社会应当采取多方面的措施。首先,教育是培养包容品格的重要途径,在教育过程中,应该注重培养学生的社会责任感和包容心态,使他们具备面对多元文化、理解他人的能力;其次,媒体在引导舆论时应当强调包容和理解的价值,宣传那些彰显厚德载物的典型事例,激发社会对包容品格的关注;最后,社会组织和政府应当加强对多元文化的尊重和保护,为各类群体提供平等的机会和权益,促进社会的共同进步。

(三)“持中贵和”的处事风格

在中华优秀传统文化中,“持中贵和”的处事风格被赋予了深厚的道德含义,体现了对平衡与和谐的崇尚,以及对道德高尚境界的追求。这一风格是中庸之道哲学思想的具体体现,旨在通过坚守中正之道和重视道德价值,实现个体行为与社会交往的和谐统一。

中庸之道,作为中华文明的核心哲学之一,倡导在事物的两端之间寻求中道,避免任何形式的极端。它强调在处理各种事务时,应保持客观、理性的态度,追求公正与公平,力求达到不偏不倚的平衡状态。这一理念已经渗透到中华文明的各个层面,成为中华民族传统价值观的重要组成部分。

"持中贵和"不仅是行为的规范,更是一种心灵的修养。它要求个体在行为上保持稳定和克制,避免冲动和鲁莽,体现中庸之美。在社会关系层面,它提倡和谐共生的理念,鼓励个体间的平等与尊重,以及群体间的和谐统一,旨在营造一个和谐有序、互利共赢的社会环境。

"持中贵和"的处世风格同时强调对道德的崇尚。在中华传统文化中,道德一直被视为社会秩序的基石。"持中贵和"的处世风格要求人们在行为中贵重道德价值观,将中庸之美融入日常生活中。这不仅要求个体具备道德操守,更要求在社会交往中,通过坚守正直、诚实守信等道德准则,实现个体与社会之间的和谐共生。

在当代社会,"持中贵和"的处世风格仍然具有深刻的现实意义。面对社会变革和个体发展的多重压力,保持中正、追求和谐是解决现实问题的重要路径。在工作和生活中,个体可以通过克制冲动、保持冷静,避免过度的极端行为,实现中庸之道的平衡。在社会交往中,尊重他人、保持谦逊,追求和谐相处,不仅能够促进个体与他人之间保持融洽关系,也有助于社会整体的和谐发展。

为了传承和发扬"持中贵和"的处事风格,社会应当注重教育的引导。教育是培养人的思想观念和处事风格的关键环节。学校教育和家庭教育应当共同努力,通过教授中华传统文化的经典著作,引导学生树立中正和谐的价值观。同时,社会应当加强对中华传统文化的传承和弘扬,通过文化活动、传统节日等方式,让人们更深刻地体会到"持中贵和"的处世风格的独特魅力。

(四)仁义礼智信道德观念

中华优秀传统文化中的"五常"——仁、义、礼、智、信,构成了中华民族道德观念的核心,是中华文明五千年历史长河中一以贯之的伦理指导原则。这五常不仅是儒家思想的精髓,也是中华传统文明的精神支柱,为社会的和谐与稳定提供了坚实的道德基础。

"仁"作为五常之首,强调的是对他人的关爱与同情,体现了人与人之间的和谐相处;"义"则代表了在特定情境下应遵循的道德准则,强调公正与正义;"礼"则是规范人们行为的礼节与制度,维护社会秩序与人际尊重;"智"追求的是知识与智慧,鼓励个人不断学习与思考;"信"则是指诚实守信,是人际交往与社会活动中不可或缺的品质。

"五常"同时回答了传统社会中关于立德做人、与人交往、治国理政等基本社会问题。仁者,为他人着想,展现了对人性的关怀和关爱;义者,行为正直,为社会的公正与公平贡献力量;礼者,强调社会的秩序与规范,注重人与人之间的尊重与关怀;智者,追求知识,注重个体的全面发展和社会的智慧积累;信者,强调守信用,构建了社会的信任基础。这五常共同构建了一个以仁爱、正义、秩序、智慧和信任为核心的社会伦理体系,为中华民族传统社会的有序运行提供了指导和支持。五常的道德观念与家国情怀、责任担当紧密相连,并与社会主义核心价值观形成了自然的融合与衔接。这种道德观念的现代传承与实践,不仅展现了中华文明的深度与广度,也为社会主义精神文明建设提供了丰富的道德资源。

"仁、义、礼、智、信"为新时代中国特色社会主义道德文明建设提供了深厚的文化滋养。在社会主义核心价值观的框架下,仁爱、正义、礼仪、智慧、信任等观念得以继承和发展。这不仅强调个体对家庭、社会、国家的责任担当,更注重个体的自我修养和全面发展。在现代社会,我们需要以"仁、义、礼、智、信"为指引,不断完善自我,为社会发展做出贡献,推动社会向着更加公正、和谐、有序的方向发展。

中华传统美德中的"仁、义、礼、智、信"也为当代社会提供了宝贵的经验和启示。在面对快速变化的社会环境和复杂的人际关系时,可以从中汲取智慧,引导自己秉持仁爱之心,行正义之事,注重礼仪规范,追求智慧,保持守信诚实的品格。这不仅有助于个体自身的成长和发展,也有助于构建和谐稳定的社会秩序。

二、传统文化的特性

(一)多样性

中华传统文化还表现出多样性的特点,具体体现在以下三方面:

1. 文化内容的统一性和多样化

中华传统文化以其内容的统一性与多样性的和谐共存而著称。它不仅广泛涵盖了经济、文化、社会等多个领域,而且对自然万物进行了深入的探讨和理解。这种文化体系的博大精深和源远流长,是中华民族智慧的集中体现,对人类文明的进步和发展具有重要的启示和影响。

在长期的发展过程中,中华传统文化积累了丰富的文化精髓。这些精髓体现了中华民族对于宇宙、社会、人生的深刻洞察和独到见解。它们包括了儒家的仁爱思想、道家的自然哲学、佛家的慈悲为怀等,这些思想理念不仅塑造了中华民族的道德观念和行为规范,也为社会治理和个人修养提供了理论基础。

中华传统文化的多样性还表现在其对不同地区、不同民族、不同时代的文化包容性上。这种包容性使得中华传统文化能够在保持核心价值的同时,吸收和融合多元文化元素,形成丰富多样的文化形态。例如,中华传统文化在与北方游牧民族文化的交流中,吸收了其粗犷、豪放的特点;在与西域文化的接触中,引入了佛教文化,丰富了中国的哲学思想。

这种文化多样性不仅丰富了中华民族的文化生活,也为世界文化的多样性和人类文明的繁荣做出了贡献。它展示了中华文化的开放性和包容性,以及在不同文化交流中的互动性和创造性。通过这种文化的交流与融合,中华传统文化不断获得新的生命力,展现出旺盛的活力和持久的魅力。

在当代社会,中华传统文化的传承和发展仍然具有重要的意义。它不仅能够增强民族自信心和文化认同感,也能够为现代社会提供宝贵的精神资源和智慧支持。

2.学术派别的统一性和多样化

春秋战国时期,中国历史上的"百家争鸣"是一个极为重要的学术思想繁荣时期。在这一时期,中国哲学、政治思想、道德观念和宇宙观等方面经历了前所未有的发展,众多学派如雨后春笋般涌现,形成了一个多元而活跃的学术氛围。

儒家、墨家、道家和法家是这一时期最为显著的学派,它们各自提出了独特的思想体系和社会实践理论。儒家以孔子为代表,倡导仁、义、礼、智、信的价值观,强调个人道德修养与社会秩序的和谐统一。儒家思想中的"仁"概念,即人与人之间的亲善关系,以及"礼"的重要性,即通过礼仪来规范社会行为,对后世中国社会产生了深远的影响。

墨家则由墨子创立,其核心思想是兼爱和非攻,主张无差别地普遍爱和反对无谓的战争与暴力。墨家的思想在当时对于减少战国时期的冲突和战争有着积极的意义,其对平等和反战的强调,为中国古代思想史增添了重要的一笔。

道家的创始人老子提出的哲学思想强调顺应自然,主张无为而治,即通过不干预自然发展的过程来达到社会和谐与个人内心的平静。道家的自然哲学和对"道"(宇宙的本源和规律)的探索,对中国古代哲学和宗教思想产生了深刻影响。

法家则以韩非子等人为代表,侧重于法律和制度的建立,认为通过严格的法律和有效的行政管理可以实现国家的强盛和社会的稳定。法家的思想在秦国统一六国后得到了实践,为中央集权体制的建立起到了关键作用。

除此之外,阴阳家、兵家、名家等学派也在各自的领域内提出了独到的见解和理论。阴阳家通过观察自然现象,提出了阴阳五行的理论,这一理论对后世中医学和哲学产生了深远影响。兵家则专注于军事战略和战术的研究,其中《孙子兵法》便是兵家思想的杰出代表。名家则对语言和逻辑进行了深入的探讨,对中国古代逻辑学和辩证法有所贡献。

在长期的发展与交流中,这些学派之间并非完全对立,而是通过相互批评、借鉴和融合,形成了相互影响、相互补充的复杂关系。到了汉武帝时期,随着社会统一和中央集权的加强,儒家思想因其与维护社会秩序和国家统一相契合的特点,逐渐被提升为官方意识形态,形成了以儒家为主导,多家学说并存互补的文化格局。

3. 文化层面的统一性和多样化

中华传统文化的人文价值在哲学、文学艺术以及道德伦理等多个领域得到了集中体现。这些领域相互交织,共同构成了中华文化的精神内核和价值体系。哲学领域中,中国古代哲学家提出了一系列关于宇宙、自然、社会和人生的深刻思考,如儒家的"仁义礼智信"、道家的"道法自然"、佛家的"因果循环"等,这些思想至今仍对人们的世界观和人生观产生着深远影响。

文学艺术方面,中国古代的诗词、书法、绘画、音乐、戏剧等艺术形式,不仅展现了中华民族的审美情趣和创造力,也反映了社会生活和人民情感的丰富性。这些艺术作品以其独特的风格和内涵,成为中华文化宝库中的瑰宝,对后世产生了深远的影响。

道德伦理是中华传统文化的重要组成部分,它强调个人品德的修养、家庭伦理的维护以及社会公德的遵守。中华传统美德如孝顺、忠诚、礼仪、诚信等,构成了社会和谐与秩序的重要基石。

要全面理解中华传统文化的价值内涵,需要从多层次、多方面进行挖掘。这包括对古代典籍的深入研究,对历史人物和事件的全面解读,对传统艺术的细致鉴赏,以及对道德伦理的现代诠释。通过这些方式,可以更好地把握中华传统文化的精髓,发现其在当代社会中的新意义和新价值。

中华优秀传统文化的时代价值和历史地位已经得到了党中央的充分肯定。为了更准确、更深入地认识和理解中华优秀传统文化,需要对其总体特征进行凝练。

这包括其历史悠久、内涵丰富、价值多元、影响深远等特点。

(二)民族性

中华优秀传统文化的民族性,在文化的形成、发展和传承过程中得到了充分体现。作为中华民族创造的文化,它不仅具有独特的中国风格和气派,而且在长期的发展过程中,深刻地契合了中国人民的精神需求和文化发展的需求。

第一,中华优秀传统文化的民族性体现在其深厚的历史根基和文化积淀上。中华文化源远流长,从远古的神话传说到夏商周的礼乐文化,从春秋战国的百家争鸣到汉唐的盛世文化,再到宋元明清的文学艺术繁荣,每一个历史时期都有其独特的文化成就和价值观念。这些文化成就和价值观念在历史的长河中逐渐积累和沉淀,形成了中华文化的丰富内涵和独特风貌。

第二,中华优秀传统文化的民族性还体现在其独特的价值追求和道德理念上。中华文化强调"天人合一"的宇宙观,倡导"仁爱"的道德观,强调"和谐"的社会观,提倡"修身齐家治国平天下"的人生理想。这些价值追求和道德理念不仅深刻影响了中国人的思想行为,也成为中华文化的鲜明特色。

第三,中华优秀传统文化的民族性还体现在其丰富的艺术形式和表现手法上。无论是诗词歌赋、书法绘画、音乐舞蹈,还是戏剧曲艺、园林建筑,中华优秀传统文化都有着独特的艺术风格和审美追求。这些艺术形式和表现手法不仅展现了中华民族的创造力和想象力,也成为中华文化的重要载体和表现形式。

第四,中华优秀传统文化的民族性还体现在其独特的传承方式上。中华文化的传承既重视口头传承,如家族长辈的言传身教、民间故事的流传,也重视书面传承,如经典文献的编纂、历史故事的撰写。这种传承方式不仅有助于保持文化的传统性,还能够更好地适应中国人民的文化认知和学习模式。

在现代社会,中华优秀传统文化的民族性仍然具有重要的现实意义。它不仅是中华民族的精神纽带和文化身份的重要标志,也是中华文化在全球化背景下保持独特性和多样性的重要基础。同时,中华优秀传统文化的民族性也是中华文化创新和发展的重要源泉。在新的历史条件下,继承和弘扬中华优秀传统文化的民族性,对于推动中华文化的创造性转化和创新性发展,具有重要的意义。

(三)和谐性

中华优秀传统文化的和谐性,在文化的理念和实践层面均得到了深刻的体现。

和谐性在中华文化中,不仅仅是一种社会理想,更是一种生活的哲学和行为的准则。在中华文化中,和谐性的理念源远流长,其哲学基础可以追溯到古代的"天人合一"思想。这一思想认为人与自然、人与宇宙万物是一个统一的整体,人的行为应顺应自然规律,追求与自然的和谐共生。这种思想在中国古代的农业社会中得到了广泛的体现,人们在耕作、建筑、医学等领域都力求遵循自然规律,体现了对自然和谐性的追求。

第一,中华优秀传统文化的和谐性体现在社会关系的构建上。中华文化倡导的是一种团结、合作、互助的社会氛围,这种氛围在家庭关系、邻里交往、国家治理等多个层面都有所体现。在家庭中,和谐性体现为尊老爱幼、夫妻和睦;在社会中,则体现为礼让、宽容、诚信。这些价值观构成了社会和谐的基础,促进了人与人之间的和睦相处。

第二,中华优秀传统文化中的和谐性还体现在对个体与群体关系的处理上。中华文化强调个体在群体中的角色和责任,这种思想在中国古代的政治哲学中得到了体现,如儒家的"仁政"理念,强调君主应以仁爱之心治理国家,使人民安居乐业。

随着经济的发展和社会的变迁,人们面临着各种社会矛盾和冲突。在这种情况下,弘扬和谐性的理念,对于构建和谐社会、促进社会稳定具有重要作用。同时,和谐性的理念也为处理当代社会中的人际关系、国际关系提供了重要的价值指引。

(四)包容性

中华优秀传统文化的包容性在文化的历史发展和现代转型中发挥了至关重要的作用。中华文化的包容性体现在多个层面,从哲学思想到社会实践,从艺术创作到文化交流,都展现了其博大的胸怀和深远的影响力。

第一,中华文化的包容性体现在对不同学派和流派的容纳上。在中国古代,儒家、道家、墨家、法家等众多学派竞相发展,形成了"百家争鸣"的局面。这些学派虽然在思想上有所差异,但它们相互借鉴、相互融合,共同丰富了中华文化的内涵。例如,儒家的"仁义礼智信"与道家的"自然无为"在相互碰撞中相互补充,形成了中华文化独特的道德观念和宇宙观。

第二,中华文化的包容性还表现在对不同历史时期和社会背景的接纳上。在中华文化的发展过程中,无论是汉族还是其他少数民族,无论是本土文化还是外来文化,都能找到自己的位置,并在相互交流中实现共同发展。佛教的传入及其与儒学的融合,就是一个典型的例子。佛教在传入中国后,与儒家文化相互影响,形成了具有中国特色的汉传佛教,丰富了中华文化的宗教和哲学思想。

第三,中华文化的包容性在文化的传承与创新中得到了实践。中华文化的包容性不仅是历史的产物,更是一种对多元文化的积极回应。在全球化的背景下,中华文化的包容性为构建一种更加和谐、多元的社会秩序提供了深刻的启示。中华文化强调"和而不同",主张在尊重差异的基础上实现和谐共处。这种思想对于处理当今世界面临的文化冲突、促进不同文化之间的交流与融合具有重要的现实意义。

(五)连续性

中华优秀传统文化的连续性与历史性在很大程度上构成了中华文化独特的文明体系。这一文化传承历史悠久,跨越了超过 5000 年的时间长河,成为世界四大古文明中唯一没有中断、至今仍然具有强大生命力的文明。在这一漫长的历史进程中,中华文明不仅保持了其文化的连续性,更展现出了深厚的历史性和时代适应性。

中华文明在发展过程中历经了多次社会变革和意识形态的更迭,但其文化的核心价值和基本精神得以保存和传承。这种文化的超稳定性和连续性,使得中华优秀传统文化在思想观念、价值体系、社会制度、艺术创作等多个层面,形成了一套独特的文化机制和表达方式。这些文化元素不仅在历史上起到了教化和凝聚民族精神的作用,而且在当代中国社会中,仍然发挥着培养爱国主义精神、强化人文属性、塑造时代新人的重要作用。

在当代中国社会,中华优秀传统文化的传承和发展呈现出新的活力。它不仅是连接过去与未来的桥梁,也是构建社会主义核心价值体系的重要资源。通过对传统文化的深入挖掘和现代诠释,中华优秀传统文化在新时代背景下焕发出新的生机,为培养具有时代责任感和历史使命感的新人提供了丰富的文化土壤。

此外,中华优秀传统文化的连续性还表现在其对外交流与国际影响力上。随着全球化的发展,中华文化的传播超越了国界,成为世界文化多样性的重要组成部分。中华文化的哲学思想、道德观念、艺术成就等,对世界文化的发展产生了深远的影响,促进了不同文明之间的交流与对话。

在维护文化连续性的同时,中华文明也不断吸收外来文化的有益成分,实现了文化的创新和发展。这种开放包容的文化态度,使得中华文明能够在保持自身特色的同时,不断丰富和完善,展现出更加蓬勃的生命力。

（六）发展性

中华优秀传统文化的发展性,体现了中华文化的动态发展和不断自我更新的能力。在历史的长河中,中华文化始终展现出对传统价值观念的尊重和对时代需求的敏感,通过不断地重新诠释和创新,使传统文化保持了持久的生命力和现实的适应性。

第一,中华文化的发展性体现在其对传统价值观念的重新诠释上。在不同的历史时期,中华文化都能找到与时代相契合的表达方式,使传统文化的价值观念得以传承和发展。例如,儒家思想中的"仁义礼智信"在现代社会中被赋予了新的内涵,强调了个人品德与社会责任的统一,体现了现代社会对道德规范的新要求。

第二,中华文化的发展性还体现在对当代需求的创新上。在现代社会,中华文化积极吸收现代科技和外来文化的成果,实现了文化的创新和发展。例如,在现代中国的文学、艺术、建筑等领域,都可以看到中华文化与现代元素和外来元素的结合,展现了中华文化的活力和时代感。

第三,中华文化的发展性在社会实践中得到了体现。在社会主义现代化建设中,中华文化提供了丰富的思想资源和道德支撑。例如,社会主义核心价值观中的"富强、民主、文明、和谐"等价值理念,与中华文化中的"天人合一""和谐共生"等传统思想相呼应,体现了中华文化在现代社会中的现实意义和价值。

第四,中华文化的发展性还体现在其对全球化挑战的应对上。在全球化的背景下,中华文化展现出开放包容的姿态,积极与世界其他文化交流互鉴,促进了文化的交流与融合。中华文化的"和而不同""天下为公"等思想,为处理全球化过程中的文化冲突、促进不同文化之间的和谐共处提供了重要的价值指引。

（七）世界性

中华优秀传统文化,作为中华民族的文化瑰宝,其价值和影响力远远超出了民族自身的范畴,成为全人类精神文化宝库中不可或缺的组成部分。这一文化传统在全球范围内的传播与交流,不仅满足了中华民族对精神文化生活的需求,也为世界各国人民提供了丰富的精神滋养和智慧启迪。

第一,中华优秀传统文化的核心价值,如天人合一的宇宙观、和谐共生的社会观、仁爱互助的道德观等,为现代人提供了一种追求内心平和与社会和谐的生活方式。这些价值观念在现代社会中仍然具有强大的生命力和现实意义,能够引导人们正确处理个人与自然、个人与社会、个人与他人的关系,促进人与自然、人与社会的和谐发展。

第二,中华优秀传统文化中的许多思想和智慧,如中庸之道、知行合一、和而不同等,也为现代人提供了解决现实问题的思路和方法。这些思想和智慧不仅有助于提升个人的精神境界,也有助于促进社会的和谐稳定和文明进步。

第三,许多有识之士深切感受到中华优秀传统文化的价值,并认为它具有消解现代社会困扰的潜力。以儒释道为代表的中国传统文化,逐渐成为滋养各国先进知识分子的精神食粮。他们通过学习和借鉴中华优秀传统文化,寻求在自我超越中找到解决本国问题的有效途径。这种跨文化的交流与借鉴,使中华传统文化在世界范围内产生了深远的影响,为全球文化多样性的繁荣贡献着力量。

第四,人类命运共同体思想的提出进一步强调了中华优秀传统文化的世界性。这一思想主张通过跨越国界的合作和理解,共同构建人类命运共同体,从而促进地区的稳定和全球的和平发展。中华传统文化因其强调和谐、合作、互助的价值观,与人类命运共同体的理念相契合,成为构建全球共同价值体系的重要参与者。

因此,中华优秀传统文化的世界性不仅体现在其对中华民族的影响,更表现在对全球文明的积极贡献。它在不同文化背景下获得认同,并为全球社会的进步与和谐发展提供了有益的经验和启示。

第三节　传统文化的功能与时代意义

一、传统文化的功能

(一)构建与整合功能

宏观安排社会整体秩序,需要借助文化展开制度及价值观念的设计,使得社会成员朝着预期方向及设定的路径推进,从而确保个人、社会及国家三者处于和谐状态,并推动国家实现社会性及阶段性的良性发展。以主流价值观和思想为主,既要整合各民族不同文化价值及思想,又要整合每个历史阶段各种价值观及主流文化,从而逐渐形成一个统一的有机融合文化体系。在历史发展历程中,这体现的是优秀传统文化的又一功能。

历经千年的中华传统文化,在不断的孕育、形成及发展中,已经处于一个多元化的格局。在一个区域内,优秀传统文化的创作过程离不开多个民族、地区中劳动人民劳作的成果,这造成文化的多元性。民间文化、官方文化、大众文化及精英文化是依据不同的文化阶层而做的划分;主流文化、非主流文化则是依据文化地位而做的划分;西域文化、江浙文化、中原文化等则是依据文化地域所做的划分;儒、释、道等则是依据文化流派所做的划分。以上各种文化类型,均是在数千年传统文化发展过程中出现的类型,彼此相辅相成,最终汇聚成如今辉煌灿烂的传统文化。

循着中华传统文化发展的轨迹,可将文化发展分为三个过程:①以华夏文化为主的夏商时期,整合东夷和苗蛮文化;②将"礼"作为文化核心的两周时期,整合及互动各派文化;③以"外儒里法"为主的秦汉至清末时期,融合学术统一的价值整合,尤其整合秦汉时期文化,是中华传统文化的格局基本定型的标志。

各种类型文化单元在整个传统文化的演进历程中,为了维系封建社会秩序,在农耕经济的宗法制文化基因的基础上,采用宗法制来完成,以此影响各种形式的文化单元,从而深度整合各区域、民族和派别的文化社会心理基础,在夏商到西周的历史进程得到定型。直到春秋战国时期,兵荒马乱中兴起诸子百家,当时创造文化的目的是"救时之弊","百家争鸣"的文化盛事便是在此时引起轰动。到秦统一六国,国家逐渐从文化及经济制度方面统一政策,实现"车同轨""书同文""行同伦"。到汉代儒家的独尊地位得益于汉武帝及董仲舒提出的"罢黜百家",将儒学奉为正统的学术研究,集合百家理论学说,以此构建起儒家文化为主流的价值观。在保持原有单元文化个性的同时,体现出中华民族文化的整体共性,使得各文化单元处于相互整合、相互包容、相互渗透、相互影响的关系中,塑造出中华优秀传统文化的宽容、广博、务实的整体面貌。

（二）认同与归属功能

中华传统文化作为民族共同的记忆组成,承载着民族共同的心理基因,成为构成民族的核心要素。在这一文化背景下,文化认同显得尤为重要,它是大多数人生命中最具有深刻意义的存在。文化认同不仅是民族共同体繁衍不息的精神基石,更是全体民族成员共同的心理基因。关键因素涵盖了价值本源和心理意识等方面,从而凸显了决定整个民族凝聚力大小的关键因素即为优秀传统文化。

在这一认同中,社会记忆扮演着至关重要的角色。社会记忆不仅需要通过价值整合、过滤以及心理认同的方式形成,更需要传统文化作为核心要素,构建民族认同感和凝聚力的基础。这种共同的社会记忆,通过一代一代地传承积累,让民族心理和社会记忆得以延续,最终形成了相对稳定的发展模式。

传统文化的核心要素不仅包括制度、礼仪、风俗、习惯等浅层文化,更涵盖了价值内核与思想观念。相较于表面的文化元素,这些内隐潜存、稳定少变的要素更加深入到各民族成员的思想中,牢牢凝聚着中华民族的情感。这种内在的凝聚力在每个成员的心理中留下不可磨灭的印记。当外界刺激到来时,这种情感将被激发,使得群体之间更为团结,从而极大地推进中华优秀传统文化的发展。

因此,中华传统文化所承载的认同与归属功能不仅是文化的传承和发展,更是构建民族凝聚力、塑造共同社会记忆的重要机制。这种文化认同不仅仅是对过去的回顾,更是对未来的引领,为中华民族的团结奠定了深厚的精神基础。

(三)教化与培育功能

中华优秀传统文化是中华民族几千年文明的结晶,承载着丰富的哲学、道德、艺术等元素,对当代社会仍然具有深远的影响。其中,教化与培育的功能是中华优秀传统文化的重要组成部分,对个体和社会的发展起到了不可忽视的作用。在当代社会,通过深入探讨中华传统文化的教化与培育功能,我们能够更好地理解其对塑造公民品质、培养社会责任感以及推动社会和谐发展的重要性。

第一,中华传统文化的教化功能体现在其强调道德伦理的价值体系。在中华传统文化中,儒家思想对道德伦理有着深刻的阐述,强调仁、义、礼、智、信等社会主义核心价值观。这些价值观在当代社会仍然具有重要的启示作用,帮助个体树立正确的人生观、价值观,培养出品德高尚、道德操守良好的公民。通过传承和弘扬中华传统文化中的儒家思想,可以在当代社会中建构起更加健康、积极向上的文化氛围,推动社会道德风尚的提升。

第二,中华传统文化的培育功能在于其注重人的全面发展和修养。儒家思想强调人的修身养性,提倡修养心性、修身齐家治国平天下的理念。这种全面的人文关怀体现了中华传统文化对于个体全面发展的追求,进而培养出具有综合素养的公民。在当代社会,这一培育功能对于塑造个体的综合素质,培养创新能力、领导力等方面都有积极的影响。通过弘扬中华传统文化中的全面培育理念,可以在当代教育体系中注入更多人文关怀,推动教育目标从单一的知识传授转向全面素质培养。

第三,中华传统文化的教化与培育功能在于其强调社会责任和公共利益。儒家思想中的仁爱理念使得个体在追求个人幸福的同时,更加注重社会责任和公共利益。这种社会观念在当代社会中仍然具有重要的指导意义,有助于引导个体积极参与社会事务,关心社会问题,形成更加和谐、包容的社会氛围。通过传承中华传统文化的社会责任观念,可以促使个体在行为中更加注重社会利益,推动社会公平正义的实现。

第四,中华传统文化的教化与培育功能还在于其注重家庭伦理和家风建设。在中华传统文化中,家庭是社会的基本单位,注重家庭和睦、亲子关系、家风建设等。这对于个体性格的形成、家庭和谐的构建都具有积极的影响。在当代社会,由于家庭结构的多样化和社会风气的变迁,传统家庭观念逐渐受到冲击。然而,通过弘扬中华传统文化中的家庭伦理和家风建设理念,可以为当代家庭提供更多的价值参考,促进家庭关系的和谐发展。

(四)个体性社会功能

中华优秀传统文化在教育个体发展中发挥着关键的社会功能,主要体现在个体生存功能、个体发展功能和个体享用功能三个方面。这些功能在塑造个体品德、培养人格发展以及提升个体幸福感方面发挥着积极的作用。

第一,个体生存功能是中华传统文化对个体社会适应的关键影响因素之一。道德规范、原则和观念等传统文化元素起到约束个体异己的作用,使个体能够更好地适应社会生活。这种适应性不仅有助于维护社会秩序和稳定,还确保了个体在社会中的生存。通过传统文化教育,个体能够吸收社会赋予的力量,提高自身的生存能力,从而更好地实现个体的人生目标。

第二,个体发展功能是中华传统文化对个体人格形成和发展的推动力量。传统文化通过对个体品德结构的发展加以促进,帮助个体形成独特而健康的人格。在这一过程中,需要注重社会理性的培养,通过规范学习和价值学习来完成个体对道德的认知和实践。在道德学习中,个体的主体性应得到充分的尊重,以确保其在发展过程中能够形成积极向上的品格。

第三,个体享用功能是中华传统文化为个体提供精神满足和人生幸福感的重要途径。通过传统文化教育,个体能够从精神层面获得满足,将奉献作为获得人生幸福的一种方式。这有助于个体提升自身的人生价值观,从内心深处感受到幸福。

个体享用功能将道德教育规则纳入教育内容,其中包括一些约束和必然的要求。同时,这也可理解为一种智慧的认识,通过道德规则的遵循,个体能够在人际交往中更好地表现出社会礼仪,取得更好的道德教育效果。

在个体享用功能中,"礼"在人际交往中的应用是一个需要解决的问题。通过运用"礼",能够使得传统文化的教育内容更好地呈现,从而取得更好的道德教育效果。这涉及个体在社会互动中如何运用传统文化的智慧,使得教育成果更加显著。

在全球化的背景下,传承和弘扬中华传统文化,充分发挥其对个体的社会功能,将是构建更加和谐、健康的社会的重要路径之一。

(五)传承与创新功能

中华传统文化的传承与创新既是一项重要任务,也是中华民族文化保持活力的关键因素。这一过程在多个方面体现了其深刻的社会功能和对当代文明发展的积极影响。

第一,传承与创新是中华传统文化维系文化血脉的关键手段。通过代际传承,中华传统文化能够在家庭、学校、社会等多个层面得到传递,确保文化元素的延续。这种传承不仅是对历史的尊重,更是对先贤智慧和思想的珍视。同时,通过不断的创新,中华传统文化得以在新的时代背景下找到更具现代意义的表达方式,保持其时代性与活力。

第二,传承与创新对中华传统文化的大繁荣和大发展具有重要作用。在传承的基础上,文化的创新使得中华传统文化能够更好地适应当代社会的需求,为人们提供有益的思想资源。通过对传统文化精华的挖掘和再创造,人们能够在传统中找到对当前社会问题的思考和解决之道,促进中华文化的不断繁荣。

第三,传承与创新还有助于中华传统文化在国际文化交流中展现出更为丰富和多元的一面。通过传承经典,使得国际社会更好地了解中华文化的根脉;通过创新,使得传统文化在与其他文明的对话中更具说服力和吸引力。这样的文化输出有助于提升中华文化在全球范围内的软实力,促进文化多样性的共生共荣。

第四,传承与创新还为社会提供了深刻的历史反思和文化自信。通过对传统文化的传承,人们能够更好地理解历史的发展脉络,认识到传统文化在中华民族发展历程中的深远影响。在这个过程中,社会不仅能够吸取传统智慧,还能够通过创新找到适应当代社会发展的新路径。这种历史反思和文化自信是构建社会认同和凝聚力的重要基石。

二、传统文化的时代意义

中华优秀传统文化是中华民族世代传承与发展的古典文化体系,蕴含着丰厚的教育价值,对于落实立德树人根本任务具有重要意义。中华优秀传统文化教育是以中华优秀传统文化及其文化精神为内容的育人活动,为新时代学生培根铸魂是中华优秀传统文化教育的意义归属。中华优秀传统文化内涵有我们民族最深厚的民族基因和最持久的发展动力,是培育国民家国情怀的最重要的思想载体,是当下及今后塑造优秀国民的最根本文化依托。中华优秀传统文化的时代意义表现在以下方面:

(一)坚定人民的理想信念

中国特色社会主义,作为当代中国发展的核心理念,其深厚的文化底蕴和历史渊源,与中华文化紧密相连,体现了中国人民的共同意志和时代发展的必然要求。在这一理念的指导下,中国人民的理想信念得到了坚定和提升,为实现国家的长远发展和民族的伟大复兴提供了强大的精神动力。理想信念在中国特色社会主义中占据着至关重要的地位。它不仅是个人对于美好生活的向往,更是个人对于国家未来和社会进步的深切期望。这种理想信念转化为国家发展的具体目标和行动指南,成为推动社会前进的强大力量。在这一过程中,中华文化的核心价值观和传统美德,如爱国主义、集体主义、勤劳勇敢等,为人们提供了精神支撑和道德指引。

第一,坚定人民的理想信念,需要在全社会范围内形成共同的价值追求和精神信仰。这一过程要求通过教育、文化、媒体等多种途径,广泛传播具有时代特色和本土特征的社会主义理念,使之成为人们内心深处的共识和行动指南。

教育作为塑造理想信念的重要途径,应当在课程设置、教学内容和教育方法上进行创新,以增强社会主义核心价值观的教育效果。文化活动和媒体宣传则应发挥其影响力,通过文学、艺术、影视等多样化的形式,展现社会主义理念的内涵和魅力,使之更加贴近人民群众的生活实际,易于接受和认同。

法律和政策的制定与实施,是保障人民基本权益、提高人民生活水平的重要手段。通过完善法律法规,确立公正的社会秩序,保障公民的权利和义务,可以增强人民群众对社会主义法治国家的信任感和归属感。同时,通过制定和执行有利于民生改善的政策,可以有效提升人民的物质和精神生活水平,使人民群众在实际生活中感受到理想信念的力量和价值。

第二,坚定理想信念还需要与实际行动相结合。这意味着在中国特色社会主义的实践中,每个人都应该积极参与到国家建设和社会进步中来,通过具体的工作和创造性的劳动,为实现国家的长远发展目标贡献自己的力量。通过这种集体的努力,可以不断推动社会的进步和发展,为实现中华民族伟大复兴的中国梦奠定坚实的基础。

第三,坚定理想信念需要与历史文化相结合。中国特色社会主义根植于广泛的现实基础和深厚的历史渊源。它以中华文化为基石,是中国人民意志的反映。这种意志不是空泛的口号,而是经历千百年风雨洗礼的坚韧不拔,是中国人对自己和国家发展的深刻认知。中国特色社会主义的形成,是历史的必然,是对中华文化传统的继承和创新。在这一发展进程中,中华文化的博大精深为社会主义的发展提供了深厚的文化底蕴,成为中国特色社会主义文化的基石。

第四,坚定理想信念需要与文化发展相结合。中华优秀传统文化是中国特色社会主义文化发展的根本因素。这一传统文化蕴含了博大的道德观念、深厚的历史文化传统以及对社会秩序的理性思考。它为中国特色社会主义文化提供了继承和发展的基础,为中国特色社会主义发展道路的探索提供了依据。传统文化的力量并非停滞不前,而是在时代的推动下不断更新,为社会主义事业提供了源源不断的文化动力。

国家精神或民族精神的辩证法构成了世界历史的本质。一个民族或国家独特的文化传统,往往是其在世界舞台上崭露头角的关键因素。在中华文化的引领下,中国特色社会主义凝聚了优秀的民族精神和文化传统,使得中国在世界发展中能够引领潮流。只有拥有优秀的文化传统和民族精神,一个国家才能在世界发展的激流中立于不败之地。这种独特性源于中华文化传统的凝聚作用,是时代发展特征与中华文化相结合的产物。

弘扬中华优秀传统文化对于人们坚定中国特色社会主义的共同理想至关重要。优秀传统文化是一种精神力量,是激励人们追求共同理想的源泉。在实现中华民族伟大复兴的过程中,这种力量将成为团结人心的纽带。只有通过对优秀传统文化的积极传承,将其融入当代社会主义文化中,才能保持社会主义事业的长久发展。中华文化的繁荣将为中国的文化发展注入新的活力,使其在世界文化的交流中更加丰富多彩,对于实现中华民族伟大复兴,弘扬中华优秀传统文化有着特别重大的意义。伟大复兴是中华民族的共同理想,也是中国特色社会主义的最终目标。通过传承和发扬中华优秀传统文化,不仅可以增强民族自信心,更能够塑造国家的软实力,使中国在国际事务中更具说服力。中华文化的传承与发展是中华民族实现伟大发展征程中不可或缺的一环。

(二)增强民族凝聚力

中华文化的发展在最高层次上追求的是道德,这一精神追求在社会文化繁荣中发挥着不可替代的作用。道德行为建设与个人发展紧密相连,中华文化的精髓在传统美德中得到体现,这些美德蕴含着丰富的思想道德资源,并通过个人的为人处世展现出来。在中华传统文化的发展中,积极向上的发展心态、高尚品德的培养以及"天下大同"的核心思想,共同为中华民族伟大复兴提供了坚实的道德支撑。

中华传统美德的核心观点在经典文献中得到了阐述,如"修齐治平"和"大学之道,在明明德,在亲民,在止于至善",这些理念不仅表达了追求道德、亲近人民、追求至善的价值观,而且成为了日常生活中的行为准则。中华传统美德通过强调修身齐家治国平天下,为社会文化的发展奠定了基础,其关注个体与社会的和谐与平衡,与中国特色社会主义的理念相契合。

在中华传统文化的发展过程中,积极向上的发展心态是对传统美德实际践行的具体体现,重点关注"天下大同"的核心思想,即建设大同社会,追求整体的理想发展状态。中华传统美德的培养对中华民族的品德建设产生了深远影响,提升了中国的整体文化发展创造力。尽管中国文化在发展过程中遇到了阻力,但其形成的高尚人文主义思想对社会的发展起到了积极作用。

中华优秀传统文化作为共同的文化历史和精神,有利于民族文化认同的形成,有助于形成强大的向心力和凝聚力。中华民族历经沧桑岁月,仍然紧密凝聚在一起,这与中华传统文化共同培育的道德基础、民族精神和时代精神密不可分。在当今时代,实现"国家富强、民族振兴、人民幸福"的中国梦,必须铸造民族魂,积聚正能量。在中国特色社会主义道路不断发展的当下,注重道德素养的培养,增强中华文化发展的动力成为至关重要的任务,文化建设则是关键的环节和手段。

加强中国的优秀传统文化建设,强化中国的文化发展道路,培育现代社会主义核心价值观对于中国的发展至关重要。深入挖掘中华传统美德,借鉴其培育伟大品德的经验,可以在当代社会中建立更为先进、全面的文化体系。这不仅有助于培养新时代中国人的良好道德素养,更能够增强中华民族的凝聚力,为实现中华民族的伟大复兴奠定坚实的文化基础。在中国特色社会主义不断发展的过程中,道德建设和文化发展的相互促进将成为实现中华梦的不可或缺的力量。

(三)增强文化自信

中华优秀传统文化,作为中华民族五千余年文明智慧的结晶,不仅构成了民族文化的根本要素,更是民族文化最珍贵的财富。在全球化与文化多元化的当代社会背景下,中华文化扮演着双重角色:一方面,它是中国社会文化的基础;另一方面,它也是增强国家文化自信和推动中国文化走向世界的关键动力。

中华文化与文化自信之间的关系,是一个多维度的议题,涉及历史根源、社会主义核心价值观、社会影响以及国际竞争地位等多个层面。中华优秀传统文化的传承与发展,不仅能够促进社会主义核心价值观的内化与实践,而且对于提升国家文化自信、塑造积极的国家形象具有重要意义。此外,中华文化的传播与交流,有助于在国际舞台上展示中国的独特魅力,增强中国文化的国际影响力和竞争力。

在推动中华文化"走出去"的过程中,应当注重文化的创新性转化与创造性发展,使传统文化与现代社会相适应,与现代文明相协调。通过文化交流与对话,促进不同文化之间的相互理解和尊重,共同构建人类命运共同体。同时,也需认识到文化自信的培育是一个长期而复杂的过程,需要社会各界的共同努力和持续推动。

中华文化的精髓体现在其深厚的历史积淀中,包括文学、艺术、哲学、伦理等多个领域的卓越成就。社会主义核心价值观作为中华文化结构体系的灵魂,蕴含了对个人、社会、国家的独特见解和深刻理解。这些价值观历经世代传承与发扬,成为民族精神家园的核心,为中华民族的持续繁荣提供了坚实的文化支撑。

要使文化自信成为国家软实力的重要组成部分,就需要更加积极地树立文化自信,认真学习和了解中华优秀传统文化。文化自信是一种自觉的文化认同、坚定的文化信念和正确的文化心态。在文化交流中,文化自信表现为一个国家、民族能正确理解、深刻认同自身文化,能正确对待、兼容并蓄外来文化,能正确引领、繁荣发展未来文化。通过深入研究和传承中华传统文化,人们可以更好地理解自己的文化根基,弘扬中华民族的传统美德,形成共同的文化认同,从而增强文化自信。

在文化自信的基础上，中华文化应积极吸收和借鉴外来文化的优秀成果，以开放的姿态促进文化的繁荣发展。文化的开放性不仅有助于提升其多元性和包容性，还能促进不同文化之间的互通互鉴，实现文化的共生与共同进步。

在国际竞争日益激烈的当下，文化软实力的重要性日益凸显。中国特色社会主义文化的繁荣发展，不仅有助于在国际舞台上展现中华民族的独特魅力，还能为中国在国际事务中塑造更加积极的形象。通过文化自信的推动，可以更好地传递中华文化的价值观，构建具有国际影响力的文化标识。

中华优秀传统文化作为中华民族的瑰宝，承载着丰富的智慧和价值观。通过深入学习和传承，可以增强文化自信，形成共同的文化认同，为国家软实力的提升和在国际舞台上更好地展示中华文化的影响力奠定基础。在此过程中，对外来文化的包容和借鉴，可以促进文化的多元性和开放性，使中华文化更好地适应当今世界的多元化趋势。在文化的推动下，中华民族将能够更好地融入世界文化大家庭，为构建人类命运共同体做出积极贡献。

第四章 传统文化的德育价值解析

第一节 先秦儒家友善观的德育价值

一、先秦儒家友善观的内涵与内容

(一)先秦儒家友善观的内涵

友善就是一种人与人之间关系的友好相处,但也在此基础上,主张以此为中心,将其内涵进行外延,即以人际友好为中心,向内延伸至与自我的关系,对外延伸至与万物的关系。

友善观是一种关于友善的价值观念,是个体对友善本质和表现的认识、理解和把握。对于友善观,一般从狭义和广义两个方面进行界定:从狭义上来说,一般友善观仅仅是指在人际交往中基于善良之心对他人的一种宽容友好和助人为乐的行动和表现的观点。这里的人与人之间主要特指陌生社会的非血缘人际交往。从广义上,友善观的价值主体要素不仅包括非血缘关系的他者,也包括与自身有着血缘关系和相关利益关系的亲友,包括宏观抽象意义的社会群体的关心和善意,以及与自身有着密切联系而非同类的大自然与万物,还包括人类主体自身。因此,此处的友善观可被界定为一种体现友爱意蕴的相对广义之善的观点。此友善观超越了狭隘的利益关系,升华为一种泛爱与大爱。它融合了自爱与他爱、成己与及人的双重维度,构成了一种普遍性的善的理念。

(二)先秦儒家友善观的内容

先秦儒家友善观实质上就是旨在维系人与自我、人与人、人与社会、人与自然和谐相处的价值观。这种友善观不仅包含着对个人与朋友间的和睦相处的价值要求,也是一种更具有普遍意义、博爱性质的善意的表达,包括了个体对社会、对自然、对万物的全方位的关怀和爱意。因此,下面重点从人与人之间的关系、人与自然的关系以及人与社会的关系,即人际友善、社会友善和代际友善三个方面对先秦儒家友善观进行较为全面的解释。先秦儒家在如何做到与人为善、如何处理人与人之间的交往关系的问题上,提倡要心怀善念,克己立人;要忠恕之道,有容乃大;要克己复礼,谦敬礼让。这也是先秦儒家友善思想的核心内容。同时,先秦儒家也倡导对己仁者自爱,对亲尊亲爱亲,对社会达济天下,对自然追求天人合一,以真正实现仁者自爱、仁者爱亲、仁者爱物、达济天下的博大之爱。

1. 核心内容:人际友善

友善的最原始的本义就是人与人之间保持友好、善意的朋友般的关系,主要强调人与人之间的友好交往。这也是先秦儒家友善观的核心内容所在。这里的人际友善,主要包括道德个体与朋友之间的交往、与非血缘的陌生人的交往等在内的人际交往。关于如何处理人与人之间关系、实现人际和谐的问题,贯穿于先秦儒家整个道德伦理和政治伦理体系的始终,其中包含大量实践方法、处世原则等伦理要求和道德规范,共同构成了先秦儒家人际友善观的重要内容。

(1)心怀善念是实现人际友善的重要前提。在探讨善念的学术性论述中,先秦儒家对于善念的内涵虽未给出详尽的正面阐释,但普遍认同其作为一种正面、积极的价值观,属于道德意识的范畴。朱子所言的"良心",即本然之善心,与孟子提出的"良知"概念有着内在的联系。孟子认为,良知为人所固有,是一种不经学习便能展现的能力,一种不经思考便能知晓的智慧。他强调,通过保持内心的善念,即能体现对人性本善的尊重,进而顺应天命。

先秦儒家学者,尤其是孟子,作为性善论的代表,主张人之初性本善,而良知和善念则是人与生俱来的道德本能。他们认为,恻隐之心、是非之心、辞让之心与羞恶之心是人皆具备的道德本能,是人性善良的体现。荀子虽在人性论上提出性恶论,但在心性方面,亦认为人心有向善的倾向。儒家学者普遍视"良知"为一种强大的道德动力,是推动一切道德行为的内在源泉和原动力。他们认为,作为道德主体的人,若能秉持本心和良知,追求善的本质,便能通过自我反省和内省,增强自律,提升个人的道德修养和精神境界。这种观点不仅强调了善念在个人道德发展中的重要性,也体现了儒家对于道德自律和自我完善的追求。

在先秦儒家的心性论中,心善论占据了核心地位,其认为人心本善,但这种善良的本性在现实世界中易受外界因素的干扰和挑战。为了维护和发扬内心的善念,先秦儒家提出了"持中"的概念,即保持一种中立而无偏的心理状态。"中"在这里被理解为一种未被情绪和欲望所动摇的心态,是达到内心平和与道德自律的关键。"中"与"和"在儒家思想中是相辅相成的,其中"中"是天下的根本,而"和"则是天下的通途。当情绪未发之时,心处于中的状态,而情绪发出时又能恰到好处,便是和的体现。这种中和的状态被认为是达到道德行为自然流露的基础。先秦儒家强调,无论外界环境如何变迁,个体都应保持一种超然的心态,不被个人偏见和情绪所左右,以此来维护内心的纯净和先天的善念。通过持中,个体能够在道德实践中实现自我提升,培养出一种稳定而纯正的心态。这种心态不仅有助于个体在面对外界诱惑和挑战时保持道德定力,而且能够促进个体在道德行为上的自然表达,从而在社会关系中实现和谐,达到儒家所追求的道德理想。通过内心的自我修养和持中,个体能够在道德的自我完善中不断前进,实现个人与社会和谐统一的至高境界。

(2)忠恕之道是人际友善的基本要求。宽厚大度、关爱他人是人际交往中与人为善的重要原则,也是实现人与人和谐交往的必要条件。忠恕之道是先秦儒家仁爱体系的重要组成部分,被誉为人际交往的第一原则。贯穿于整个仁爱体系,其本质就是宽厚待人、关爱他人伦理精神的体现。何谓忠恕之道,孔子并无直接、详细的论述,是他的弟子曾子最早将忠恕联系起来,在解释孔子的"吾道一以贯之"时将夫子之道解释为忠恕之道。

"忠"是说在为人处世中,个体自己想得到的东西,也要竭尽所能、尽自己最大的努力帮助别人实现。这与孔子所提的"己欲立而立人,己欲达而达人"具有相通之处。忠,从人之心,是个体在立己的基础上发自内心地积极为人、尽己达人。这种尽己达人一般是指当与他人发生利益关系时,在自己的力所能及范围内,主动让渡自己的利益成全他人或者减轻他人的损失,是个体富有道德责任感和富有仁爱之心的体现,也正是儒家善为人谋、助人为乐友善精神的体现。

"恕"是说如果自己不想要的东西,也可能是别人不想要的,因此也不要施加在别人身上。这与孔子所倡导的"己所不欲,勿施于人"是一致的。恕,如人之心,相比忠而言是一种较为消极的为人之道,但却暗含了一种由自己的想法推及到他人想法的忖度之意,能够体现出道德主体对他人不同想法的尊重与包容,是先秦儒家友善精神中宽厚待人的伦理价值的体现。

在"忠"和"恕"的实现过程中,都经过了推己及人这一共同的道德价值实现路径。这一道德实践路径的实现基于人与人之间存在善念的道德前提。人类既然能够有共同理性的预设,同样应有共同情感的预设。儒家主张的人性本善,为推己及人的实践路径提供了合理性和合法性。道德主体将自己的善意通过推己及人这一实践路径表达出来,把自己内心的善意表达为对父母的孝顺、对兄长的尊敬,推及到天下人以及万事万物。于是,忠恕之道具有了仁爱的特性,道德主体的道德行为开始成为一种时时刻刻为他人着想的利他行为。忠恕之道的核心价值就在于道德主体通过角色易位,实现己人之间转换,以在将心比心、推己及人的基础上构建一个相对平等、互相尊重、互助互爱的人际关系网络。

(3)谦敬礼让是与人为善的基本原则。在先秦儒家的伦理思想中,恭敬礼让被视为人际交往的基本准则。儒家强调,在社交活动中,个体应展现出一种恭敬和谦让的态度,这不仅是道德期望的体现,也是人际交往中的重要处世原则。孔子提出的"恭宽信敏惠"五德中,恭居首位,凸显了其在道德修养中的核心地位。恭敬不仅体现为外在的谦和与礼貌,更是内心的谦卑与低调,以及对待事务的严谨与认真。

先秦儒家认为,恭敬之心是人与生俱来的本性,是善的根源。这种心理活动和意识的自然流露,促使人在社交实践中展现出谦逊和恭敬的道德行为。恭敬的本质在于对他人人格与行为的尊重与认同,孔子所言"恭则不侮"正强调了这一点。在人际交往中,通过严肃、恭敬的态度,个体能够赢得他人的尊重,进而建立起和谐、健康的人际关系。此外,儒家亦提倡礼让的道德风尚,即在遵守礼仪的前提下进行的谦让。孔子认为,君子应当无所争,这体现了一种大度和心胸宽广的品质,与儒家倡导的宽厚德行相呼应。在面对利益时,是否能够做到不争不让,成为区分君子与小人的重要标准。同时,孔子还强调了君子应当贵人而贱己,先人而后己,这种舍己为人的精神,是道德个体谦逊、尊人的重要表现。

先秦儒家倡导以和为贵,礼让原则就是对其"礼之用,和为贵"的具体表达。礼让是道德主体进行自我控制的一种行为,是个体道德修养的集中体现。先秦儒家的礼让原则要求道德主体在复杂的人际交往中及处理人际间的矛盾冲突时,能够自觉地对自己言行举止进行控制与调节,使自身行为在不违背道德原则的基础上,表现出对他人的包容和忍让的姿态,既能符合礼仪和规范要求,又能发挥维系人际关系和谐的作用。从友善论上来讲,恭敬礼让是集尊重他人、宽容待人、礼貌待人及舍己为人为一体的人际交往原则的体现。

2. 重要内容:兼善天下

从人与社会之间的关系来看,兼济天下、实现社会友善是先秦儒家友善观的重要内容。这主要是由人与社会的关系决定的。先秦儒家十分重视个体与国家、社会的关系问题。人是现实的人,是以一定的方式进行生产活动,发生一定的社会关系和政治关系的人。人的本质是社会关系的总和,自始至终无法脱离社会关系、无法脱离与他人的关系而独立存在的。

个体在追求个人道德完善的过程中,不仅能够实现自我提升,而且能够通过其正面行为对社会产生积极影响。在特定的社会文化背景下,个体的善行被视为一种内在的道德追求,旨在通过个人的努力促进社会和谐与进步。从这一理论出发,可以认为,个体的善行不应仅局限于自我修身,更应扩展至对他人和社会的积极贡献。在经济条件允许的情况下,个体应利用自身的资源和优势,为社会提供支持和帮助,从而实现更广泛的社会利益。这种行为体现了个体对于社会责任的深刻认识,以及对于促进社会整体福祉的积极态度。

在先秦儒家那里,还没有现代意义上"社会"这一概念,而对"天下"一词的理解可以视为社会的同义词。先秦儒家主张的达济天下、与社会为善,其实就是一种积极的入世态度。与道家在田园世外逍遥自在地出世相反,先秦儒家倡导个人融入社会,时刻心怀天下,勤学苦读,并用自身的才学和能力来治理国家、保卫国家,以维护整个国家、民族和社会的安定。这种入世思想的出发点是追求以个体自我价值的实现推动社会的发展,以个人的小善推动社会的大善,实现双方的良性发展,这就是先秦儒家所倡导的积极入世思想的精髓,是与社会群体保持友好关系的关键所在。

儒家文化作为中国古代传统文化的重要组成部分,其核心思想在"内圣外王"的理念中得到了充分的体现。这一理念强调了个体在道德修养和社会责任方面的双重追求。通过"格物、致知、诚意、正心"等修身过程,个体能够达到"内圣"的境界,即成为具有高尚道德品质的君子。在此基础上,个体通过其思想和行为的积极影响,进一步实现"外王"的目标,即在家庭、国家乃至天下层面实现治理与和谐。

儒家思想中的"修己以敬""修己以安人"以及"修己以安百姓"等观点,进一步强调了个体在提升自我修养的同时,应关注并致力于社会和政治的稳定与发展。这种以个人修养为基础,进而影响和改善社会的理念,体现了儒家对于个体与社会关系的深刻理解。

此外,儒家文化中的"古之学者为己,今之学者为人""君子忧道不忧贫""仕而优则学,学而优则仕""孝乎惟孝,友于兄弟,施于有政"以及"仁政""为政以德"等观点,均是对入世思想的直接表达。这些观点强调了个体在追求个人发展的同时,应积极参与社会治理,以实现个人价值与社会价值的有机统一。个体的人生抱负和理想应与国家的发展和人民的幸福紧密相连。通过树立"天下兴亡、匹夫有责"的大局意识,个体能够在与社会的友好共处中更好地实现自我价值与社会价值。这种将个人发展与社会责任相结合的思想,对于构建和谐社会具有重要的指导意义。

3.外在延伸:代际友善

代际友善即生态友善,是先秦儒家仁爱万物思想的最主要体现,是对道德个体处理人与自然关系、实现人与自然友好相处的重要要求。其作为先秦儒家友善观的重要内容,是对人与人之间友善关系的延伸和拓展,它体现了一种可持续的人文发展理念。人与自然之间的关系,归根到底,本质上是人与人之间利益关系的外在反映。因此,这种友善不仅仅是现实生活中的一种处理人与自然、人与人关系的重要要求,也具有一种超越现实的、对未来的个体生存的关爱的意义,体现了一种仁爱的最高境界和价值要求。

我国当前社会主义核心价值观倡导的"友善",其内涵不仅包括人与人之间的人文关怀,也包括人与万物,特别强调人与自然之间的友好共处探究中国生态哲学和政治伦理思想,在处理好人与人之间关系外,如何处理人与自然、万物的关系,先秦儒家就曾给出一定的解释,而且这种主张与当前的生态文明观具有一致性。他们将"仁"的概念推及万物,不仅主张人对自己、对亲人、他人友善,也强调人与世间万物友善相处。这里的世间万物包括除人类之外的一切其他生命和非生命的自然环境,特别强调人与生存环境、人与自然之间的友好相处。因此,先秦儒家率先提出仁民爱物,以仁爱之心善待自然、尊重自然、顺应自然进而与自然和谐相处的生态伦理思想。

儒家思想在处理人与自然的关系上,提出了"亲亲而仁物"的理念,这一观点深刻地体现了先秦儒家与自然和谐共生的价值观。孔子虽未直接阐述"仁民爱物"的概念,但其言行中透露出对万物的关爱与尊重。如孔子所言"子钓而不纲,弋不射宿",以及对伐木和狩猎活动的时节限制,均反映出对自然生物的保护意识,强调了人应顺应自然规律,合理利用自然资源。孟子作为儒家思想的继承者与发展者,明确提出了"亲亲而仁民,仁民而爱物"的观点,将孔子的仁爱思想扩展至对自然界的广泛关爱。孟子认为,仁爱的实践从亲人开始,进而扩展到对所有人类的关怀,最终达到对自然界万物的博爱。这种由内而外的仁爱推广,不仅涵盖了人与人之间的关系,更涵盖了人与自然之间的关系。

先秦儒家的仁民爱物思想,不仅停留在理论层面,更在实践中得到了体现。他们对自然资源的价值和利用方式进行了深入探索,提出了永续使用和可持续开发的理念。儒家主张根据自然生态的节律来开发和利用资源,强调了对生态环境的保护和管理,倡导通过经济和伦理道德等多种手段来维护生态平衡。这一思想体系体现了儒家对自然的尊重和爱护,倡导人与自然和谐相处,追求一种生态友好的生活方式。在当今社会,面对生态环境的严峻挑战,先秦儒家的仁民爱物思想仍具有重要的现实意义和参考价值,为我们提供了一种与自然和谐共生的智慧和路径。

儒家思想在处理人与自然的关系上,展现了深刻的哲学思考和伦理指导。孔子提出的"知天命、畏天命"思想,强调了对自然规律的认知与敬畏,倡导人们应顺应自然规律,不可逆天而行。孟子的人格知天思想,进一步强调了人应当通过修身养性来理解天命,实现人与天道的和谐统一。荀子则明确区分了天与人的职责,认为"天行有常",即自然有其固有的规律,不因人的意志而改变,人应当通过"应之以治"来适应自然规律,实现社会的吉祥与和谐。荀子还指出万物各有其生长和养护的条件,强调了对生物多样性和生态平衡的认识。《中庸》中的"万物并育而不相害,道并行而不相悖",体现了儒家追求的是一种万物共生共存的理想状态,即在自然界中各种生物和生态要素能够和谐共处,不相互伤害,各种生命之道能够并行不悖,共同构成一个平衡的生态系统。

二、先秦儒家友善观的历史德育价值

先秦儒家友善观作为一种价值观,曾对当时春秋战国战乱时代背景下的道德教化起到了一定的积极作用。从理论上,其对道德目标、德育内容和德育方法的不断完善和发展起到了一定的促进作用。从实践上,其有利于个体道德修养的培养。但是,由于其所处的时代依然是传统的封建时代,价值观作为统治者维系政治统治的工具,具有一定的政治性,从而使其友善的"善"失去了一定的本真性,带有了一定的伪善性质。在看到先秦儒家友善观的积极意义的同时,分析其存在的历史局限性,全面客观地评价先秦儒家的友善观,能够有利于更好地吸收其中的精华成分,同时剔除其糟粕的东西,以免造成儒学复古主义。

(一)历史理论价值

1.丰富友善观的内容构成

先秦儒家友善观是先秦德育思想的重要组成部分,对当前德育工作依然具有重要的借鉴意义,其中一个原因就在于其从多个角度对友善的内容进行了阐释。先秦儒家的友善观是以仁学和礼乐为基本精神,涉及道德主体与自己、他人、社会和自然等多个方面的关系问题,其以友善为中心构成了一个相对庞杂的、丰富的道德体系。先秦儒家友善观内容的丰富性主要体现在以下方面:

(1)通过"礼"的制度化形式,对个体在不同生命阶段的行为进行了细致的规范,形成了一套全面的道德行为准则。这套准则不仅涵盖了仁、义、礼、智、信等核心道德价值,而且具体到个体在不同情境下应遵守的行为规范,为个体提供了明确的行为指南。儒家的道德规范具有强烈的实践性和操作性,它要求个体在不同的社会角色和生活阶段中,都能够自我约束,以实现道德自律。这种道德自律的培养,对于维护社会秩序和促进社会和谐具有重要作用。在当时的时代背景下,先秦儒家的道德规范有效地指导了人们的行为,促进了社会的稳定与发展。此外,先秦儒家的道德规范不仅关注人与人之间的关系,还强调了人与自然、人与社会的和谐相处。儒家倡导的"天人合一"思想,强调人应顺应自然规律,与自然和谐共生。这种思想为当代的生态伦理和可持续发展提供了宝贵的启示。

(2)先秦儒家的友善在外延方面不仅限于人际之间的和睦相处,更扩展至对自然环境的尊重与保护,体现了一种深刻的生态伦理观。在儒家看来,人与自然的关系是相互依存、相互影响的,因此,对自然资源的合理利用与保护成为道德行为的一部分。儒家提倡的"天人合一"理念,强调人应顺应自然规律,与自然和谐相处。在这一理念指导下,先秦儒家对于如何合理利用自然资源提出了具体的道德要求。例如,通过根据时令进行耕作,遵循自然节律,以及倡导循环利用资源,减少对环境的破坏,这些思想和做法都体现了对生态平衡的重视。此外,先秦儒家还强调了对亲人的关爱和社会责任感,认为个体的道德修养不仅体现在个人品德的提升上,也体现在对家庭、社会乃至整个自然界的关爱和责任上。这种全面的友善观念,为构建和谐社会提供了道德基础。

因此,先秦儒家友善观开始表现为系统丰富的道德体系。其涉及的对象较多,表现为一种博爱万物的仁爱,可以看作是对先秦儒家多种思想观念的整合。先秦儒家的友善思想之所以这么丰富,也与其关注现实生活,紧密联系生活实际有密切的关系。脱离实际和社会实践,即使其涉及面再广,也不会有丰富的内容。

2. 有效探索友善的培育方法

先秦儒家友善观中不仅蕴含着丰富的德育内容、以人为本的德育目标,而且其蕴含的德育方法,对以后的德育也产生了较为深远的影响。其德育方法中最显著的特征就是将自律与他律相结合。从整个先秦儒家的友善思想体系中可以看出,先秦儒家把个体自身的内在修养放在了整个道德教育过程中至关重要的位置。孔子和孟子都是主张以内修,也就是通过修身养性的自律途径实现道德个体自身的友善观发展。他们认为人生性本善,天生就有一种纯粹的善的本心。为了不断保持自身的本心和良知,作为道德主体就会通过忠恕之道、反求诸己、反思自省等道德自律的途径约束自身的行为,严于律己、宽以待人,确保自身的行为与善的内心保持一致。这是先秦儒家友善思想培养过程中道德主体自律的表现。

孔子和孟子除了主张个体通过自我约束、保持自我内在善良的心性之外,也主张通过"礼""乐"等外在手段加强对个体道德行为的约束,也就是通过外在的道德规范对个体的品德和行为进行规范和调节的途径。通过礼的方式对道德个体进行规范,在荀子那里被继续发展,其所主张的隆礼重法就是通过典型的外律手段对个体进行约束。他认为,礼就是古人为了控制个体私欲、减少人际冲突而定的。礼的本质是他律,但其最终目的还是为了实现道德个体的自律。通过礼引导个体认识到礼的合法性和合理性,使其自觉遵守礼的规范,不断进行内化继而转变自身的内在的道德意识,由一种强制性的他律手段逐渐转化为自身的道德自律。

(二)历史实践价值

先秦儒家的友善观之所以具有一定的历史价值,关键在于其在当时的历史条件下,对道德实践的发展起到了积极意义。主要体现为促进道德个体形成了良好的道德行为、道德修养和道德品质。

1. 促进良好人际关系的形成

促使人与人和谐相处是先秦儒家友善思想实践价值的集中体现,原因在于其直指现实生活的人际交往。德性并不是自然存在于各个城邦公民身上,而是由他们生活习惯养成的品质,通常称这些值得称赞的品质为德性。儒家经典篇目《大学》开篇就提出"大学之道,在明明德,在亲民,在止于至善",也就是说一个人要想达到"至善",就必须首先"明明德"。由此可见德性与友善之间有着密不可分的联系,德性既然是实现友善的重要前提,那么友善观中势必会包含对个体德性和品质的要求。按照这个理解,我们认为先秦儒家的友善观包含着大量的德性伦理的内容,如"仁义礼智信",其对个体的道德认知提升、道德情感升华、道德意志锻炼以及道德行为塑造等方面都有积极的促进意义。

先秦儒家的与人为善思想,作为德性伦理的重要组成部分,其核心价值在于其与道德实践的紧密联系。这种伦理思想不仅为道德生活提供了普遍适用的价值原则,而且其实践性赋予了生命伦理以深远的意义。儒家的这一思想体系,以"己所不欲,勿施于人"作为最基本的道德要求,而将"己欲立而立人,己欲达而达人"视为道德行为的最高境界,体现了对等、宽容、推己及人和谦敬礼让的人际交往观。

在儒家的友善观指导下,人们的友善行为得以形成并实践,这不仅促进了道德主体间的良性互动,而且有助于构建和谐的人际关系。在战乱频发的时代背景下,儒家的这些思想对于缓和统治阶级与百姓之间的矛盾、改善人际关系网、稳定社会秩序具有积极的作用。此外,先秦儒家的友善观不仅限于现实社会中的人际交往,还强调了对这种关系空间的延展性和价值观念的升华。儒家倡导的是一种超越个体与个体之间关系的友善,它要求个体与社会、自然之间形成友好的互动关系,从而构建一个以人为核心的全面交往关系。这种思想对于促进个体与社会、自然之间的和谐共生,推动社会的可持续发展具有重要的启示意义。

在当代社会,儒家的这些思想依然具有重要的现实意义。它们可以作为指导人们处理人际关系的重要原则,帮助人们建立和谐的社会关系,促进社会的稳定与发展。同时,儒家的友善观也为我们提供了一种超越传统人际关系,关注人与社会、自然关系的全新视角,为我们构建和谐社会、推动社会可持续发展提供了宝贵的思想资源。

2. 促进仁者爱人道德品质的形成

先秦儒家的友善观是建立在德性主体基础上的人际交往理念,其深刻地认识到个体的道德修养和道德品质对于道德实践的重要性。在儒家看来,个体的道德修养不是一朝一夕就能完成的,而是需要在不断的道德实践中逐步培养和提升。这种修养不仅关乎交往过程中的道德性,也涉及道德主体自身的道德性。

儒家的友善观旨在塑造个体良好的道德行为,并且强调了个体自我培养的重要性。它不仅仅将人与人之间的友善行为作为目的,更重视个体将友善观念和行为内化为一种自觉、主动、积极和稳定的道德品质和修养。这种内化的过程,涉及从道德认知到道德情感,再到道德行为和道德修养的全面培育。儒家提出的"格物、致知、正心、诚意、修身、齐家、治国、平天下"的德育环节,体现了从个人修养到社会责任的逐步扩展。这个过程不仅是个体道德成长的路径,也是实现"内圣外王"理想的关键步骤。通过这一过程,个体不仅能够实现自我价值的升华,还能在社会中发挥积极作用,促进社会的和谐与进步。

3. 促进志士仁人为国担忧、为民造福的思想意识的提升

兼善天下、与社会为善的家国天下观是先秦儒家友善观的重要组成部分,其产生与当时的社会背景密不可分。先秦儒家所倡导的友善观要求道德个体与社会建立一种良好的关系,不仅要遵循社会秩序以维护社会良好运行,而且也要树立天下、个体合二为一的家国情怀以及为人民造福、造福苍生的民生与民本思想,并在此基础上以自己的实践活动来促进自己国家、民族和社会的进步和发展。这是先秦儒家友善观在实践层面的最高要求,也是对个体道德境界发展的最高要求。先秦儒家友善观的家国天下观反映了当时的时代需要,激发了许多身处底层的仁人志士挺身而出,纷纷建言献策,以自身的知识和能力为国家的发展、社会的进步以及百姓的生存和发展进行各种规划和设计,积极推动各种社会变革。各阶级的志士仁人开始走出道德个体自我的封闭世界,以更广阔的视角和胸怀关注社会、关注民生,树立起较为强烈的民本意识和爱国情怀。

从先秦友善思想的集大成者孔子的"仁者爱人"的仁爱思想,到孟子的"民为贵,社稷次之,君为轻"的仁政思想,再到荀子的"水能载舟、亦能覆舟"的民本思想,都是先秦儒家兼善天下的友善观对现实思想发生作用的重要体现。也正是在这种家国情怀不断得到认同和转化的过程中,更多的人将其转化为实践行动,纷纷为国家的发展和人民生活的改善出谋划策,这也是春秋战国时期社会变革层出不穷的深层次原因。

三、先秦儒家友善观的现实德育价值启示

先秦儒家友善观是中国传统文化中的宝贵资源,特别是其中的"仁""礼"等具有德性伦理的内容,都曾在社会历史发展过程中对道德个体的自身发展和整个社

会的发展起到过积极的影响作用。无论何时,友善的人际关系、代际关系以及人社关系都是维系社会稳定和谐发展的重要因素。但受当前社会转型期时代背景的影响,社会上开始出现一些不友善行为,有些开始对社会发展产生一些消极的影响。思想是行为的先导,有什么样的思想,就有什么样的行为。只有以符合时代特色、积极正能量的友善观引导人们的道德行为,才能真正起到促进社会进步与发展的作用。因此,新时代友善观的培育与发展也必定离不开传统文化的支持,而先秦儒家的友善观能在目标、内容和方法等方面为其提供丰富的理论来源。我们要在继承先秦儒家友善思想的精髓基础上,运用当代德育路径积极建立符合时代特色的、积极向上的友善观,以此进一步引导和约束个体行为,从而促进社会的和谐健康发展。借鉴先秦儒家友善观精髓,加快培育新时代的友善观,是先秦儒家友善观现实价值的集中体现。

友善是中华民族的传统美德,源远流长至今。今天重新梳理先秦儒家的友善观,挖掘其中深层次的内容和精华,不仅是弘扬中华民族传统美德的需要,也是我们在新的时代背景下塑造和完善新的社会主义友善观的需要。当前,我们的社会主义友善观仍然存在很多问题,集中突出地表现在友善观的内容依然不够丰富和完整,方法脱离实际生活,目标不够全面等多个方面。需要借鉴先秦儒家友善观予以不断地补充和充实,特别是要借鉴先秦儒家友善观的目标要求、内容规定以及方法指导等方面,在继承基础上不断实现创新与发展。

(一)构建以促进人的全面发展与社会和谐发展为目标的友善观

在探讨社会主义友善观的构建过程中,可以发现其与先秦儒家的德育理念存在着深刻的联系。儒家思想强调通过道德教育来培育具有仁义礼智信等道德品质的个体,旨在实现个体的道德完善和社会的和谐。这种以道德修养为核心的教育理念,不仅体现了对个体内在品质的重视,同时也反映了儒家对于社会秩序和人际关系的深刻洞察。

在社会主义理论框架下,友善观的构建同样以促进人的全面发展为目标。社会主义社会强调集体利益与个体利益的统一,认为个体的道德发展与社会的进步是相辅相成的。因此,社会主义友善观在继承儒家德育精华的基础上,进一步强调了个体与社会的关系,以及个体在社会中的责任感和使命感。社会主义友善观的构建,不仅仅是对先秦儒家思想的继承,更是对社会主义发展目标的回应。它要求个体在追求个人道德修养的同时,也要关注社会的整体利益,通过个人的道德实践来促进社会的和谐与进步。这种友善观的构建,既体现了对个体内在品质的重视,也强调了个体在社会中的积极作用,旨在通过道德教育和社会实践,实现个体与社会的共同发展。

马克思主义作为社会主义核心价值体系的灵魂,其核心目标和思想是实现人的自由全面发展。这一目标不仅涵盖了个体在物质和精神层面的全面占有,而且强调了个体在社会关系、社会交往以及对这些社会关系的全面占有和共同控制方面的发展。人的全面发展是一个多维度的概念,它要求个体在德智体美劳等各个方面实现自由而全面的成长。在马克思主义的理论框架下,人的全面发展被视为一种全面性与自由性的统一。这种发展不是片面的或单一方向的,而是要求个体在体力和脑力、物质与精神等多个方面达到均衡和谐的发展状态。个体的全面发展与社会的进步紧密相连,因为人的本质在于其社会性,而这种社会性主要通过人与人之间基于实践的交往关系来实现。

为了促进人的全面发展,社会主义友善观的构建必须以人的自由和全面成长为价值诉求。这意味着,社会主义社会应当为个体提供平等的发展机会,鼓励个体在道德、智力、体质、审美和劳动能力等方面实现自我完善。同时,社会还应当创造条件,使个体能够在广泛的社会关系中发展自我,形成普遍的社会交往,并在这些社会关系中实现自我占有和共同控制。通过这样的发展,个体不仅能够在物质和精神上实现自我完善,还能够在社会层面上实现自我价值,从而推动社会主义社会的全面进步和和谐发展。这种以人的全面发展为目标的友善价值观,是社会主义核心价值体系的重要组成部分,对于构建和谐社会、促进人的自由和全面发展具有重要的指导意义。

社会交往作为社会关系形成的基础,对于个体的全面发展具有至关重要的作用。在这一过程中,道德主体通过扩展自身的社会交往关系,不仅展现了其全面发展的重要方面,而且通过这些交往关系,个体得以实现更高层次的道德修养和个人成长。首先,个体在社会交往中的互动是其全面发展的重要体现。通过与他人的平等、互助、友善和仁爱的交往,个体能够建立起复杂且丰富的社会关系网。这些关系网的建立,不仅要求交往主体具备较高的道德素质,而且也是个体社会性本质的体现。在这一过程中,个体的社会交往能力、道德判断能力以及对他人的同理心都得到了锻炼和提升。其次,社会交往对于个体的全面发展具有显著的促进作用。

在友善精神的引导下,个体能够在经济、政治、文化等多个领域建立起和谐的交往关系。这些交往关系不仅为个体提供了必要的社会资源,而且通过互动交流,促进了个体在知识、技能、情感等方面的成长,增强了个体的主体能动性和创造性。为了进一步促进个体的全面发展,必须加强社会个体与他人、自然以及社会的互动关系。建立以立人为核心的友善观,不仅有助于构建和谐的社会交往环境,而且能够激发个体在友善交往中的积极能动性,从而实现个体在道德、智力、情感等方面的全面发展。通过这种全面发展,个体能够更好地适应社会的需求,为社会的和谐与进步做出贡献。

个体发展与社会和谐进步其实是一个双向互动的过程。个体的和谐发展会促进社会的和谐发展,社会的和谐发展也会带动个体的更好发展。当前正在建设社会主义和谐社会,社会和谐是中国特色社会主义本质属性,也是实现中华民族伟大复兴的中国梦的重要组成部分。社会主义和谐社会应该是民主法治、公平正义、诚信友爱、充满活力、安定有序、人与自然和谐相处的社会。这个社会其主旋律是和谐。这就要求内在个体必须树立更加友善的观念、进行更加友善的行为。

因此,无论是人际友善危机还是代际友善危机,都要求加强建立和培育新的社会主义友善观,这对每个人、对整个国家和社会都是必然选择。友善观作为意识形态的重要组成部分,必然要为当前的经济基础服务。虽然先秦儒家友善观是为统治阶级服务,两者都有服务于社会的作用,但是两者其在本质上是根本不同的。我们当前所要建立的友善观应追求建立在立人基础上的友善观,在追求人的和谐发展基础上实现社会的和谐,这种社会和谐是在人的和谐基础上自动生成的,是人自身发展的产物,也是友善本质的体现,不带有政治工具性的色彩。友善的本质就是实现人与人、人与社会、人与自然和谐友好发展。社会主义友善观建设应该汲取先秦儒家所倡导的以仁爱为核心且着力促进个体道德修养和素质提升的友善观,积极培育人的道德修养发展,从而起到引导人们建构和谐的人际关系、正确处理人与自然的关系、建构和谐家庭的作用。更为重要的是,通过建立和谐的社会,能为个体友善观的发展创造更好的条件。随着社会的发展,我们建立的友善观将会越来越具有本真性。

(二)完善以人际友善、代际友善和人与社会友善为内容的友善观

根据马克思哲学的观点来看,人的本质决定着人必然要与社会、他人和自然建

立千丝万缕的联系,而且这种联系是客观存在的、密不可分的。当前的社会是一个开放的社会,与以往封闭的社会背景不同,需要与更多的社会个体和群体产生各种社会关系。只有正确合理处理人与自然、社会与他人之间的这些关系,与他们友善相处,才能产生互利共赢的效益,才能够为人与社会发展创造更好的条件。因此,如何引导人们正确处理好与他人、自然和社会三者之间的关系,是德育工作现阶段的重要任务。先秦儒家友善观是以仁爱为核心的友善观,主张通过实现人与自然、人与人、人与社会建立广泛的发自情感的友爱关系,实现友善的人际、代际和人社关系,为当前新时期社会主义友善观的建设提供了重要资源。

1.将人际友善作为友善观建构和培育的核心内容

人际友善主要表现为爱人和利他的道德倾向。引导人们处理好人与人之间的人际关系,是当前德育工作的重要内容之一。如何实现人与人友好相处,树立良好的交际原则,是实现人际友善的关键所在。先秦儒家与人为善思想是集宽仁、谦德、礼让等为一体的德性伦理,其最大的价值莫过于其与道德实践的天然联系,这种被赋予了实践的价值生命的伦理思想,为道德生活提供了普适性的价值原则。以平等待人、宽厚待人、推己及人、谦敬礼让内容为的人际交往观至今仍可以作为指导人们处理人际关系的重要原则。特别是在当前特殊的时代背景下,公共空间日益扩大,社会成员利益日益多元化,在陌生的交际对象和交际环境中,更需要平等、互助、尊重的道德伦理原则来约束个体。借鉴先秦儒家基于仁爱的友善思想是出于人的自然本性,并不带有利益的工具性色彩,将其融入现代友善思想引导人们善的本性的真实流露,有利于更加和谐人际关系的构建。

(1)现代人际友善观的构建和培育要注重礼仪教育。待人和气、以礼待人是友善在日常生活中的基本要求,也是最低要求。在先秦儒家"贵和"的价值取向影响下,人们在人际交往中十分重视礼的作用,不仅将礼作为一种政治制度,也将其作为一种维系人际关系的精神力量、伦理要求和行为规范。其以礼为内核,以温和、恭敬、礼让为主要内容交往要求对现代友善思想的培育具有重要启示意义。先秦儒家对此的具体要求主要体现在人际交往的情感、态度以及行为三个方面。在人际交往的情感上首先要温和,礼记云"礼义之始,在于正容体,齐颜色"与韩愈所说的"仁义之人,其言蔼如也"都在强调和颜悦色、心平气和,而不能将自己的怒气、戾气等负能量挂于言表,以"踢猫效应"传递给他人;在人际交往的态度上要有恭敬、辞让之心,对人应表现出肃穆、谦恭的态度;在人际交往行为上要言辞温和,懂得礼尚往来,注重礼让和礼貌,掌握交际艺术和细节,提高自身交际能力,从而构建良好的人际关系。

(2)现代人际友善观必须注重以平等作为前提条件。先秦儒家认为人与人之间的友善应当是双向的、平等的。友者,所以相有也。只有道德双方发自内心地自觉地进行彼此相互性互动,而不是一种对等的交换关系,才能更好地维持双方的和谐关系。当前人际关系中出现的不和谐,许多根源都是人与人之间的利益、人格以及感情的不平等。因此,在友善精神的教育过程中,应努力引导人们撇清利益关系,正确树立"彼富贵之荣,未必可重,也非我之荣;彼贫贱之辱,未必可轻,亦非我之辱"的人格平等观,也要引导人们在交往中做到情感平等,即建立儒家所倡导"爱人者,人恒爱之;敬人者,人恒敬之"的情感平等观。

(3)现代友善观必须要培育道德个体宽容的胸襟和品质。在社会转型期,公共空间的扩展与公共资源的有限性之间的矛盾,往往成为社会不友善现象的根源。面对这一挑战,需要在道德教育和社会实践中培养个体的宽容精神,以促进人际间的相互包容和体谅,这对于维护社会秩序和推动社会和谐发展具有重要意义。在儒家传统中,"严己宽人"是一个重要的人际交往原则,它要求个体在自我要求上严格,在对待他人时则宽容。德育工作应当引导人们在日常生活中实践这一原则,学会宽厚待人,理解并体谅他人。这不仅涉及个体心理层面的相容性,也要求个体在行为上展现出"厚德载物"和"海纳百川"的宽广胸怀。同时,忠恕之道是儒家倡导的一种道德行为准则,它要求人们在人际交往中以真诚和善意相待,通过"以直报怨"和"相互责善"来建立和谐的人际关系。这种宽容并非无原则的忍让,而是建立在正义原则上的合理包容。宽容的实践需要个体在尊重差异的基础上,坚持正义和道德的原则,通过相互理解和尊重来解决冲突和矛盾。

(4)现代友善观的培育必须要弘扬和发展助人为乐的精神。在当今社会,道德冷漠和对友善行为的恐惧确实对助人为乐的广泛开展构成了障碍。然而,追求善良是人类固有的本性,正如柏拉图所言,每个灵魂都在追求善,并将其作为行为的终极目标。为了克服这些障碍,社会需要不断地引导人们践行助人为乐的行为。这需要人们认识到,正能量的积累依赖于每个人善意的发挥。因此,应该树立"勿以善小而不为,勿以恶小而为之"的态度,以及"泛爱众"的博爱心态,关爱每一个生命。在实际行动中,应当鼓励人们以平等和真诚的心态去关爱他人,学会换位思考,设身处地为他人考虑。通过小小的善举帮助他人,如扶贫济困、救助弱小、见义勇为等行为,来弘扬友善精神。通过主体间的互助合作,实践真正的人文关怀,将儒家倡导的"出入为友、守望相助"的人际交往观融入现代生活中。

2.将代际友善作为友善观建构和培育的重要内容

之所以要将代际友善作为友善观的重要内容,既与我国当前的国情有关,也与我国的道德教育实践本身有关。

(1)从国情来看,我国正处于社会攻坚期和发展的深水区,经济迅速发展,但与此同时也带来严峻的污染问题。从伦理道德上来看,人与自然作为客观存在的主体,是共存共生、相互依存的联合体,在本质上平等的。因此,倡导人与自然的和谐相处,建设生态文明,是人类道德发展的必然要求,也是与自然为善、对生态之爱的重要表现。

(2)从道德教育实践来看,我国的生态道德教育与生态友善观并未被足够重视,也没有在德育实践中得到很好的落实。因此,必须首先正确认识人与自然的关系,树立正确的生态观,才能在实践中做到保护生态、实现代际友善。如何树立正确的代际友善观?我们可以适当借鉴先秦儒家友善观。先秦儒家对于如何尊重自然、顺应自然以及善待自然都有独特的见解和思考,其倡导的天人合一、亲亲而爱物的生态伦理思想对于改善当前的人与自然关系具有重要的启示意义。特别是其以生态节律为出发点,通过经济、政治、制度等多个层面对生态保护和可持续发展的干预,对于现阶段推动实现人与自然和谐相处具有一定的价值启发作用。

3.将人与社会友善相处作为友善观建构和培育的新内容

人与社会的友善相处,是个体与集体、组织、民族和国家之间关系建立的重要表现。在这一过程中,个体通过与他人的友善交往,不仅构建了和谐的社会关系,而且体现了对社会责任的认知和承担。先秦儒家思想家们,如孔子,通过其积极入世的实践,强调了个体对社会的责任感。孔子在面对社会动荡时,依然坚持仁政的理念,并在教育上做出了开创性的贡献,这体现了他对社会的深切关怀和道德责任。他的人生和教导传递了一个信息:作为社会成员的个体,自然而然地承担着一定的道德责任和义务,应当对集体社会持有责任感和使命感。

在现代社会,公民的责任感教育显得尤为重要。面对私欲心的增强和社会责任感的弱化趋势,每个公民都应当为社会的发展贡献自己的力量。通过德育工作、社会引导、自我教育以及社会实践,可以培养个体内在的社会责任感,将外在的社会责任内化为个体的自觉行动。此外,加强以政治教育为核心的社会公民教育,引导公民正确处理个体与集体的关系,将个人的才华和特长用于服务社会,对于实现个体与社会的共同进步具有重要意义。这不仅是对先秦儒家"修己以安百姓"和"修身齐家治国平天下"思想的现代诠释,也是在当前时代背景下,促进社会和谐与个体全面发展的重要途径。通过这些教育和实践活动,可以增强个体的社会责任感,促进个体与社会的良性互动,实现个体价值与社会价值的有机统一。

第二节　传统节日文化的德育价值

中国德育理论被认为是一种"转化"理论。生活中,德育的方式多种多样,人类通过在漫长岁月中的不断探索与前进,总结出很多使后代受益无穷的知识、理论,并且实现了由生物人向文化人的转化。节日就是其参与人数最多、综合性最强的一个,传统节日文化的丰富内涵,在进行德育方面有着指导和借鉴的作用。但是节日教育在日常生活中却往往是我们教育研究的盲区。因此,研究传统节日文化的很重要的一个目的就是能够探究出其内在的德育价值,将其很好地进行弘扬与运用,实现德育的生活化。

一、对接传统文化

中国传统节日的成形并非一蹴而就,而是在中华文明的历史长河中,经过了不断的沉淀与演变,逐步发展而成。无论是春节、清明节、端午节、元宵节,还是中元节、七夕节以及重阳节等,这些节日都蕴含着独特的文化意蕴,记录了人们对自然规律的认知、价值观念和思想情感,因此它们自然地承载了传统文化的传承功能。中国传统节日以一种独特的方式向世人展示了中华文明的精髓,影响着社会风俗,滋养着文化精神,历经千载而不断传承,历久而弥新,成为传统文化的重要承载体。同时,传统节日的道德教育价值也因其丰富的内涵而得以凸显,即传统节日在连接传统与现代文化方面发挥了桥梁作用,其所蕴含的对美好生活的向往、正确的伦理道德观念以及对卓越智慧与才能的追求,与我们通常所说的道德教育目标不谋而合。

(一)传统文化的传承

传统节日在文化传承中扮演着至关重要的角色,它们不仅提供了一种文化传承的途径和模式,而且成为传统文化的有效载体。这些节日承载着中华文明五千年的文化精髓,通过岁月的沉淀,形成了与现代社会主流价值观相契合的文化内容。

传统节日的庆祝活动,如春节的爆竹、中秋的团圆等,无不体现出民族的智慧和文化的传承。这些节日强调家庭的团聚、对先辈的敬仰和追思,通过各种民俗活动将传统文化的内涵生动地展现出来。节日的庆祝活动不仅是对历史的回顾,也是对文化的一种体验和传递,它们使得人与人之间的交流更加深入,将文化传承延伸到社会的每一个角落。

传统节日之所以成为传承中国传统文化的有效方式,是因为它们具有独特的传承机制,能够在历史的变迁中保持文化的连续性。与一些受到时代局限或政治影响的传承方式相比,传统节日文化的传承更加原生和自然,能够在不受外界干扰的情况下,将文化价值代代相传。然而,传统节日在传承过程中也可能面临一些挑战,如文化异化和俚俗化等问题。因此,要保持传统文化的活力,需要正统文化的不断滋润和更新。在现代社会,传统节日与德育的结合显得尤为重要。通过传统节日的庆祝活动,可以巧妙地将传统文化与现代德育结合起来,避免现代化进程中可能出现的文化断层,为德育工作提供新的动力和资源。

现代德育应当充分利用传统节日所蕴含的文化内涵,提取其精髓,进一步传承和发展。传统节日不仅是文化传承的重要途径,也是现代社会进行道德教育的重要资源。通过传统节日的庆祝和教育活动,可以加深人们对传统文化的理解和认同,促进社会和谐与文化多样性的共存。

(二)现代文化的接续

德育的历史演进揭示了一个动态的进程,无论是德育的内容还是形式,都在历史的长河中不断演变。现代德育不仅继承和发扬了近代德育的世俗化和科学化传统,还展现出新的轨迹和特点,如理论与实践的深入探索、矛盾平衡的寻求等。其中,一个显著的特点是德育被赋予了全球化的内涵,这对传统文化在德育中的地位构成了挑战。在德育发展过程中,把握传统与现代的关系,实现传统因素与现代因素的融合,成为了新的要求。

我们需要在继承传统的同时,融入新时代的文化特色,构建独特的文化体系。就中国的传统节日而言,它们具有固定的庆祝形式、悠久的民俗传统和明确的主题,这些节日的深层含义反映了中华民族几千年的民族精神和审美情趣。现代文化中的许多元素正是在这些传统基础上发展起来的。

当前强调的民族精神,是将民族精神与时代精神相结合,体现了传统与现代的完美融合。道德建设的要求同样如此,它吸收了传统美德,与社会发展和认知相适应,既传统又现代。在全面理解中国传统文化的基础上,我们应实现其现代转化,这要求我们采取"取其精华,去其糟粕"的态度。传统节日文化经过时间的筛选,已摒弃了与现代社会不相适应的部分。在经济全球化、世界多极化、文化多样化的国际背景下,德育应充分利用传统节日文化的内涵,实现传统与现代、民族与世界的有机结合。

二、丰富德育内涵

(一)生命教育

人类社会的发展不仅包括物质生产,也包括人类自身的再生产,即生命的延续。对于每个人而言,生命是存在和发展的首要前提和基础,是最为宝贵的。对生命的珍视和热爱是所有生物的本能体现。传统节日的众多习俗和风情都反映了对生命的热爱。春节的舞龙舞狮、燃放烟花等活动体现了人们对美好生活的向往;清明节和端午节的踏青、赏春、赛龙舟、包粽子以及纪念屈原等活动,展现了人们对生命意义和价值的追求;而清明节对先人的祭奠,则深切表达了人们对先辈的怀念和对生命的珍重。

大学阶段是大学生个体发展的关键时期,也是世界观、人生观、价值观形成的重要阶段。帮助学生理解生命的价值,培养对生命的珍惜和爱护,不仅关系到学生在校园中的安全,也关系到社会的和谐进步和国家的繁荣昌盛。因此,高校可以通过传统节日文化中蕴含的生命意识和人类发展的主题,加强大学生对生命的认识、珍惜、尊重和热爱。这有助于每位大学生重新认识到生命存在的特殊意义和价值,学会珍惜包括人类在内的所有生命也有助于提升大学生的生存技能和生活质量,促进他们全面、健康、和谐地成长。

(二)"感恩"与"孝道"教育

中国传统文化中,感恩与孝道的教育占据着极其重要的地位。在德育领域,感恩和孝道不仅被视为基本的人际关系处理原则,更是哲学思考的一部分,构成了德育的核心内容。传统节日文化作为中国文化的重要组成部分,其内涵中的感恩和孝道观念表现得尤为明显和具体。

在传统节日中,团圆被视为最重要的主题之一,它不仅是家庭成员之间的物理相聚,更是情感交流和孝道文化的体现。春节等重要节日,无论身处何地的人们都会尽力返回家中,与家人团聚,这本身就是对父母养育之恩的感激之情的表达。此外,通过祭祀活动,如清明节扫墓、春节祭祖,人们对先辈表示缅怀和感恩,这些仪式同样是孝道文化的体现。

传统节日中的民俗活动,如唱戏、游船、舞龙、舞狮,也是感恩的一种形式,它们不仅仅是对美好生活的庆祝,也是对历史和前人成就的感激。这种感恩文化从个体出生起便开始孕育,提醒人们要认识到自己所享有的一切均源自前辈的努力和贡献。然而,在现代社会,随着现代化和全球化的加速,人们的生活环境和价值观念发生了变化,感恩意识在一些年轻人中逐渐淡薄。因此,利用传统节日文化开展感恩教育显得尤为重要。高校和社会各界应当积极转变观念,开发和利用传统节日文化资源,通过节日庆祝活动来进行感恩和孝道教育。这不仅有助于改变当前的社会现状,而且能够营造一个更加和谐的社会氛围,让人们重新学会感恩,懂得孝道。

传统节日文化提醒人们,每个人都应怀有感恩之心,感谢父母、感谢生活、感谢社会。感恩不仅是一种社会美德,也是个人修养和道德境界的体现。通过传统节日文化的传承和教育,可以激发个体的感恩之情,促进社会的道德发展和文明进步。

三、提供情感参与平台

我国的传统节日源于民间,广泛流传于民众之中。作为一年中最为美好的时刻,这些节日伴随着丰富多彩的仪式和活动。端午节作为我国最传统的节日之一,拥有悠久的历史。在端午节当天,人们会举行划龙舟比赛,这不仅激发了人们对生活的热爱和希望,还促进了人们之间的友谊,增进了相互间的尊重和关爱。清明节的典型活动包括踏青和放风筝,这些活动让人们与大自然亲密接触,放松心情,同时加深了对自然的理解,体会到人与自然和谐共处的重要性。春节期间的舞龙舞狮表演,以及中秋节的赏月和赏花活动,每一种都承载着特殊的价值和意义,不断启迪和激励着人们。参与这些活动的过程中,人们能够体验到亲情和责任感,培养爱心和奉献精神,同时增强民族认同感和爱国主义精神。

高校学生应该积极参与传统节日中的各种活动,因为只有真正融入集体之中,才能深刻感受到传统节日的内涵和文化。传统节日在德育方面的价值体现在为受教育者提供了一个良好的情感参与平台。通过传统节日进行的德育活动更加真实、贴近生活,而且通过言传身教的方式,帮助受教育者更好地理解德育内容,实现理论与实践的结合,从而达到德育的目的。

(一)为调节人际关系提供机会

传统节日中的仪式和习俗,虽然表面上看似是一种道德约束,但实际上它们在生活中扮演着促进人际交流和调节人际关系的角色。这些传统节日因其广泛的社会认可度而具有一定的强制性,个体如果选择不参与,可能会感受到来自社会的压力。同时,传统节日中的传统习俗和习惯也是社会成员道德认同的集中体现,它们在传递传统道德认知的同时,也因舆论和传统的约束而保持了文化传承的连续性和稳定性。

以春节为例,它在节日体系中占据着独特而重要的地位,标志着一年的结束和新年的开始。春节期间,人们的欢聚不仅仅是家庭的团聚,更是整个国家团结统一的象征。中华传统节日文化强调人伦和礼道,人们通过不同的节日和习俗从四面八方聚集在一起,无论是共同进餐还是相伴游览,都不仅是对生活美好祝愿的表达,也是情感交流和人际关系构建的有效方式。

在传统节日中,人与人之间、人与自然之间传递的是和谐关系的构建,体现了中国传统的"和合"文化理念。这种理念追求和平、和睦、和谐的关系,反映了中国人对生活的美好期盼和对国家和谐统一的祝愿。传统节日文化的这一内涵不仅体现了中国人民对和谐、团结、安定生活的向往,而且为维护和强化这种社会关系提供了重要的平台。

(二)为实现爱国主义教育提供平台

爱国主义是指人民对于自己祖国最真挚、最强烈的情感表达。爱国主义教育是学校德育的重要组成部分,它所体现的自强不息精神激励着人们不断奋发向前。培养这种情感同样需要传统节日提供情感交流的平台。传统节日作为爱国主义教育的重要资源,已经融入我们的日常生活中。无论是清明节的扫墓还是端午节的祭祀活动,都不仅是对爱国先烈的怀念和尊敬,也是对爱国主义情感的培育和熏陶。

中华民族历史上涌现出许多舍生取义的英雄豪杰和仁人志士,许多传统节日实际上是对他们的缅怀和祭奠,更重要的是对爱国主义精神的赞颂和弘扬。例如,端午节不仅是对忠诚爱国的诗人屈原的怀念,也体现了忠君和大义的价值观;寒食节和清明节的祭祖活动体现了后辈对先人的深切怀念;中秋节的团圆则反映了对民族团结和祖国领土完整统一的热切期望。这些蕴含着爱国主义精神的传统节日,一方面有助于培养青少年的民族自信心和自豪感,另一方面也更直观、更有效地补充和实践德育价值。

(三) 为树立正确价值观念提供引领

正确的价值观在人生目的和生命意义的认识上显得尤为重要。传统节日在这一教育过程中发挥着不可或缺的作用,它们不仅为青少年提供了关于生命和文化根源的教育,而且通过节日的庆祝活动,传递了中华民族几千年来形成的生命哲学和价值观。

青少年时期是形成个人价值观的关键时期,他们处于成长和学习的黄金阶段,对外界影响特别敏感。在全球化和网络化的背景下,西方文化和价值观念的输入对青少年的影响尤为显著。因此,通过生命归宿体系的教育,引导青少年理解生命的起源、意义和价值,显得尤为重要。

传统节日作为生命归宿体系教育的重要组成部分,承载着丰富的历史和文化信息。它们不仅是先人智慧的结晶,也是对自然和生命的崇拜。通过节日中的特定活动和礼仪,人们表达了对生命意义的探索和追求。传统节日所蕴含的核心价值观,如忠、孝、诚、信、礼、义、廉、耻等,以及倡导的家庭团结、敬老敬贤等美德,是中华文化的优秀传统,对青少年的成长具有深远的影响。

在现代社会,传统节日在人们的生活中扮演着越来越重要的角色。它们不仅为人们提供了一个休息和反思的机会,也是对生命历程的回顾和瞻仰,对生命意义的深刻诠释。将传统节日纳入生命教育的范畴,对于青少年树立正确的世界观、人生观、价值观具有重要的现实意义。

节日活动中的德育实践,如春节期间的走亲访友、守岁、祭祀,清明节的植树、踏青、扫墓,端午节的赛龙舟、戴香囊、吃粽子,中秋节的吃月饼、赏月等,都是对传统文化的传承和弘扬。这些活动不仅加深了人们对传统节日的理解,而且在无形中提高了人们的道德修养和文化认同感。

第三节　中国古典诗词的德育价值

一、中国古典诗词德育价值的内在逻辑

(一)中国传统教育之本:"明明德"

1. 以德配天

德治作为古代中国主要的治国理论之一,是以"以德配天"的理念为基础,在儒家思想文化的基础上构建出的一种治国理政思想。"德"是与"天"联系在一起的,"德"是"天"对人的要求,有"德"的君王才能统治国家,有"德"的君王要对民众进行教育,让人民也有"德",一个国家里的君民都有了"德"才能满足上天的要求,让国家长治久安。德治认为通过道德教育和示范,可以有效地维护社会秩序和稳定,促进人民的幸福和发展。在古代中国,德治被认为是一种基于礼法、德行和道德的治理方式,旨在使人民遵从正义、诚实、善良等行为标准,从而达到社会秩序的维护和社会繁荣发展的目的。德治注重道德教育和德行示范。通过道德教育和德行示范,能够塑造人们的德行观念和道德标准,推动人们崇尚德行和遵守道德的意识不断提升,促进公共道德倡导的兴起。德治强调先行示范和带头作用。君王大臣及栋梁之才应当以身作则,成为道德模范和典范,成为社会的风向标和榜样,带动社会上下共建德治。当人们自觉遵从道德规范,为社会提供了一种安定的生活方式,也就维护了国家政权的稳定。"国无德不兴,人无德不立",治国需要的是每个人都内化于心、外现于行的"德",因此教化的作用显得尤为重要,"以德配天"的思想下必然会出现"以德化人"的思想。

2. 以德化人

"以德配天"不仅诠释了王朝更替的兴衰之道,也开启了人对生存价值的不朽思考,奠定了伦理化育人的走向。君王在自己拥有了美德满足了上天的要求之后,要用德行来教化民众,要使人民明白什么样的德行是好的,并且按照好的德行来要

求自己,成长为一个具有美德的人。这种思想对于教育来说,奠定了"明明德"为教育之本,自此之后的教育内容和教育方式都围绕着"明明德"而进行。

立德为"明明德"的表现,就是以德化人,使人们可以明德修身,树立德业。从以德化人到立德树人,是培养人才的必要途径,是从古至今教育事业不变的根本任务,是国家发展的不竭动力。立德是立功、立言的基本前提,而立功、立言是立德的自然结果。中国封建社会发展的过程中,儒家的"以德化人""以德成仁"的育人思想,为个体在社会生存中找到了生命意义,也为巩固统治提供了具有积极意义的精神支柱,个体在修身养德之后开始逐步寻求安身立命,建功立业。

3. 以德立业

在中国传统教育的语境中,"明明德"不仅是个体道德修养的体现,更是社会和谐与国家治理的基石。该理念强调个人德性的培养与社会责任感的结合,倡导通过内省和自我完善来达到"内圣外王"的境界。在此框架下,个人修养被视为实现社会稳定和国家繁荣的前提。通过修身、齐家、治国、平天下的递进逻辑,个体的道德实践与社会秩序的维护相辅相成,形成了一种由内而外的道德实践路径。

"以德立业"和"修齐治平"的理念,体现了中国传统教育中对德行的高度重视。个人德行的修养被视为家庭和谐与社会稳定的微观基础,而这种德行的积累和扩散,逐渐凝聚成一种集体的道德精神。这种精神不仅塑造了民族的价值观,也成为了个体追求生命意义和快乐的源泉。它促使人们将个人的道德修养与社会责任相结合,形成了一种以道德自觉为核心的人生理想。

在这一过程中,"为天地立心,为生民立命"的志向,体现了个体对于道德自觉的追求和对于社会责任的承担。这种追求不仅关乎个人的精神境界,也是对民族文化精髓的一种继承和发扬。通过"为往圣继绝学"的努力,个体不仅继承了先辈的智慧,也为社会的和谐与稳定贡献了力量。

中国传统教育所倡导的道德精神,促使个体在道德的教化下不断自我超越,实现自我价值。这种精神的实践,不仅提升了个体的人格操守,也强化了民族的集体道德品质。在这一过程中,个体与集体的道德追求相互促进,共同构筑了中华民族的文化基因和精神脊梁。通过这种教育和实践,中华民族形成了一种以道德为先导,以公共利益为重的价值体系,为社会的持续发展和文明的进步奠定了坚实的基础。

（二）中国古典诗词之魂："思无邪"

1. 表达的自由性

中国古典诗词之"思无邪"首先体现在表达的自由性。中国古典诗词起源于民间,是自由又随性的表达。《诗经》作为中国古典诗词的开端,它的伟大并非内容多么艰深,而恰恰是它的通俗与自由,生命的百般形态,生活的细微日常,万事万物皆可入诗,充满了浓浓的人间烟火气。山川草木,飞鸟鱼虫,日月星辰,风霜雨雪,人们自由地徜徉于天地之间,想唱便唱了出来。春天里有最美的花,是"桃之夭夭,灼灼其华"（《周南·桃夭》）,那出嫁的新娘比桃花还要娇艳,"之子于归,宜其室家"（《周南·桃夭》）,往后的生活,也必定像这桃树一样,幸福而又美满;夏天时有酸酸甜甜的梅子,"摽有梅,其实七兮。求我庶士,迨其吉兮"（《召南·摽有梅》）,一个大胆的姑娘,直白地表露对爱情的渴望,梅子都熟了,有心求娶我的小伙子,不要耽误了好时机呀;秋天的水中有大片的芦苇,"蒹葭苍苍,白露为霜。所谓伊人,在水一方。溯洄从之,道阻且长。溯游从之,宛在水中央"（《秦风·蒹葭》）,清晨的露水凝成了霜,魂牵梦萦的姑娘,追寻她的路程如此漫长;冬天下雪了,"昔我往矣,杨柳依依。今我来思,雨雪霏霏"（《小雅·采薇》）,出门时是春天,回来时已经雨雪交加,"我心伤悲,莫知我哀"（《小雅·采薇》）。景物都非,人事岂能没有变化,想想便是满心的悲伤。《诗经》里不仅写了四季变换,日常琐事,连男欢女爱也直言不讳。"东方之日兮。彼姝者子,在我室兮。在我室兮,履我即兮。东方之月兮,彼姝者子,在我闼兮。"

从《诗经》开始,诗人们将所见所感大大方方地表达出来,不掩饰不矫情,后世的诗人们更是想说什么便写什么。中榜时说"春风得意马蹄疾,一日看尽长安花"（孟郊《登科后》）,落榜时说"月落乌啼霜满天,江枫渔火对愁眠"（张继《枫桥夜泊》）;打仗赢了时说"凭君莫话封侯事,一将功成万骨枯"（曹松《乙亥岁》）,打仗败了时说"遣妾一身安社稷,不知何处用将军"（李山甫《代崇徽公主意》）;恋爱时说"枕前发尽千般愿,要休且待青山烂。"（无名氏《菩萨蛮》）,失恋时说"朱弦断,明镜缺,朝露晞,芳时歇,白头吟,伤离别,努力加餐勿念妾,锦水汤汤,与君长诀!"（卓文君《诀别书》）。诗词是自由的表达,诗人的感性为诗词表达插上了自由的翅膀。李白可以时而高喊"我本楚狂人,凤歌笑孔丘"（李白《庐山谣寄卢侍御虚舟》）,直抒胸臆地嘲笑孔子迷于做官,表达自己对政治前途的失望,打算像楚狂人那样游诸名山过隐居生活;时而又得意地着写道"仰天大笑出门去,我辈岂是蓬蒿人",完全一副踌躇满志、慷慨激越的进取模样。杜甫高兴的时候说"白日放歌须纵酒,青春作伴好还乡"(杜甫《闻官军收河南河北》),难过的时候说"艰难苦恨繁霜鬓,潦倒新停浊酒杯"(杜甫《登高》),同样是是喝酒,却喝出了不同的感受。苏轼出门遇到了下雨,又没有伞,同行人都觉得狼狈不堪,而他却道:"竹杖芒鞋轻胜马,谁怕? 一蓑烟雨任平生。"(苏轼《定风波·莫听穿林打叶声》)"谁怕"二字言犹在耳,就是那样自由恣意脱口而出的表达,直截了当,掷地有声。辛弃疾闲居乡间,写道:"茅檐低小,溪上青青草。醉里吴音相媚好,白发谁家翁媪。大儿锄豆溪东,中儿正织鸡笼。最喜小儿无赖,溪头卧剥莲蓬。"(辛弃疾《清平乐·村居》)这首诗如同素描一般,简单自然地勾勒出一幅恬静闲适的农村生活画面,语言平白如话,仿佛就在跟人聊着家常:看,溪东豆子地里的是大儿子,他懂事了,可以帮着锄草干活了;二儿子年纪尚小,只能做点辅助劳动,所以在家里编织鸡笼;三儿子不懂世事,只知任意地调皮玩耍,正趴在溪边剥莲蓬吃呢。这些千古流传下来的诗篇至今读来依然觉得美好自然,正是因为作者在创作之时的"思无邪",以一颗赤子之心感知万事万物,以一支自由之笔记载岁月斑斓。

表达的自由性还体现为人人都可以表达。在中国古代,诗词不是贵族和文人们的专属,而是广大民众在生活劳动中自然而然吟咏出的歌声。四季更迭,生活琐碎,中国古人敏锐又直率,男女老少、士农工商、帝王将相、痴男怨女都可以吟咏出几分诗意。

表达上的自由性不仅仅表现在看到的想到的都可以说出来,更表现在有些不能说不便说的话也可以用诗词表达出来。中国人民是智慧的,三千多年前就懂得用"比兴"的手法,触景生情,托物兴感,用联想和想象将心中的话语尽情表达。

2.情感的真实性

社会制度、行为准则、风俗习惯等经常随着时代而改变,然而人的性格和情感,变化却十分缓慢,千年前的欢悦、哀伤、怀念、悲苦,与今日人们的情感仍是无重大分别。因为情感的真实性,中国古典诗词历经千年仍有穿透人心的力量。

中国古典诗词情感的真实性是中国人独有的浪漫,是区别于西方古典诗歌的重要特点。用诗词表达真实的情感是中国古人建构与把握世界的思维形态与心灵方式,中国古典诗词在表达真实的情感的同时,也诠释了中国人最朴素的体悟与智慧。情感包括人与人的情感,人与自然的情感,人与社会的情感等,有着不同层次、不同方面、不同方式的表现。中国人的情感之中融入了思考和感悟,不仅仅是感性的情绪,也包含理性的意志。在西方,"理"和"情"是二元对立的范畴,而在中国古典诗词之中,"理"与"情"是相依相融的关系,"理"主要是揭示"情"的发生、运作及表现根据。

二、中国古典诗词德育价值的主要意蕴

(一)家国情怀:中国古典诗词的永恒主题

中华民族是一个具有强烈家国情怀的民族,几千年的文明浸润,这种情怀镌刻在每一个中华儿女的骨血里。在中国古典诗词之中,家国情怀作为永恒的主题贯穿在内,诗人们用心灵去拨动琴弦,演绎出一首首千古绝唱,也成为贯穿中国文学发展始终的优良传统。家国情怀的终点是爱国,是对生养自己的土地、哺育自己的国家有着深沉而热烈的情感,愿意保护她、建设她,希望她会越来越好。爱国是对自己国家、民族、文化的强烈认同与热爱,以及为维护国家繁荣和尊严而付出努力的行为。爱国是一个人的基本道德信仰和行为准则,它不仅具有个人情感层面的意义,更具有政治、经济、文化等多重方面的重要影响力。在社会发展进程中,爱国是一个国家和民族兴旺发达的重要保障。伟大的诗人之所以伟大,就在于他能用自己的人品获得平凡人的景仰、用自己的作品取得平凡人的共鸣。中国古代爱国诗人以自己的人品和作品,将文学植根于中华大地,带着神圣的价值审美尺度和充盈的爱国激情,在充满着苦难、艰辛和纷争的社会生活中寻求艺术源泉,构筑艺术世界,描摹人民大众的生活,表达人民大众的情感和愿望,体现出深沉的家国情怀。爱国主义情怀是一个历史范畴,中国古典诗词中呈现出的天下兴亡、匹夫有责的爱国精神或是建功立业的理想信念对今天的德育工作都有着十分重要的意义,是我们今天需要认真汲取的德育价值。

(二)人格修养:中国古典诗词的志趣表达

中国古人认为,修身是做好其他一切事情的基础。"修齐治平"的思想融于中华民族的血脉之中,影响着一代又一代人的世界观、人生观、价值观。作为个人来说,首先要修身,即努力提高自己的人格修养。一个人只有品德端正了,才能做好事情,才能对国家和社会有益处。

1. 诚信之品

诚信作为中华民族的传统美德,所蕴含的内涵丰富而深远。其核心在于言行一致、守信为本,既是个人品格的基石,也是社会和国家治理的根本所在。

(1)诚信是个人安身立命的基石。从孔子的经典论述可以看出,失去信用意味着失去了人生的方向与基础,如同大车无木销子,小车无销钉,靠什么行走呢?言必信、行必果,这种行为准则不仅区分了君子与小人,更突显了诚信在个人生活中的重要性。历史上的诸多楷模,如李白、贺铸等人,以自己的行动诠释了诚信的价值,展现了对承诺的认真履行。蔡磷为人洁身自好,将信守诺言的精神发扬光大,展现了对友谊和义气的珍视。

(2)诚信的培养应始于儿童时期。《弟子规》所强调的“首孝悌,次谨信”表明了诚信在德育教育中的重要地位。儿童时期的言行习惯往往影响着日后的处世态度,因此教育者有责任引导他们树立诚实守信的观念,树立正确的价值观和行为准则。

(3)诚信是社会交往的基础。在人际关系中,坦诚相待能够加强友情,增强信任。而在商业领域中,诚信更是至关重要。只有诚信经营,企业才能长久发展,赢得客户的信任和尊重。历史上的晋商即以“信”为核心价值观,取得了长期的商业领先地位,展现了诚信对商业成功的不可或缺性。同时,国家治理也需要以诚信为基础,建立起赏贵忠信、罪贱无信的人才选拔制度,保障国家良好的治理秩序和社会的稳定发展。

(4)诚信在国家治理中扮演着不可替代的角色。君臣之间、民众之间的诚信关系,决定着国家的兴衰。墨子所言“忠信之士赏贵之,不忠信之士罪贱之”彰显了诚信在国家治理中的重要地位。商鞅变法的成功案例也展示了政策的实施离不开民众的信任,而国家的权威和公信力也源自于政府的诚信与公正。

2. 坚毅之性

坚毅乃性格之本,历经沧桑方见真章。只有具备坚韧不拔、毅力非凡的品质,才能在人生旅途中从容应对各种挑战,征服前进道路上的坎坷与风雨。正如文献所言,精神乃一个民族长久生存之灵魂,唯有精神上达到一定高度,方能在历史长河中屹立不倒、奋勇向前。中国历史上的苦难与艰辛,锤炼了中华民族坚毅不拔的精神,使其能够历经沧桑、涅槃重生。这种坚韧不拔的品格,源远流长,贯穿中国古典诗词,被广泛歌颂与传颂。

从郑燮的《竹石》中可见一斑,竹子在岩石缝隙中顽强生长,千磨万击仍坚劲不摧。这种抗争不屈的精神,使得竹子不惧东西南北风,展现出坚韧的品格。而黄檗的《上堂开示颂》中,则将困难比作寒冷的天气,认为经历挫折才能酿就绽放的梅花。这种对挫折的理解与接纳,展现了一种乐观坚韧的心态。刘禹锡的《浪淘沙·莫道谗言如浪深》中,更是直接指出了谗言如浪潮一般,挑战者需要坚韧不拔,如同狂沙吹尽后方见金石。这些诗篇中所蕴含的坚毅精神,贯穿了中国古代文化的脉络,值得后人深加学习与铭记。

历史上的众多英雄人物,也都展现了坚毅不拔的品质。越王勾践受吴王夫差所辱,却始终怀揣复国之志,经历十多年的苦难训练,最终成功灭吴。韩信身无分文,受屠夫嘲讽后仍不气馁,最终成为西汉开国功臣,战绩彪炳。司马迁受尽宫刑之辱,却创作了中国第一部纪传体通史《史记》,为后人留下了宝贵的历史遗产。这些历史人物的经历,彰显了坚韧不拔、百折不挠的精神,激励着后人不断前行。

当代社会,坚毅的品质仍然具有重要意义。在追求成功的道路上,拥有坚定的毅力和恒心,才能克服各种困难,走到成功的彼岸。正如王安石所言,世上的奇观常常隐藏在险远之地,只有有志之士才能到达。而徐霞客、李时珍、曹雪芹等人的奋斗历程,则是坚持不懈、锲而不舍的典范。他们不畏艰辛,不怕失败,坚持不懈地追求自己的目标,最终取得了辉煌的成就。

中国古代先贤们以其坚毅的品质,创造了一个又一个的奇迹。王羲之、王献之、徐霞客、李时珍、曹雪芹等人的故事,激励着我们继续传承和弘扬这种坚韧不拔的精神。同时,现代社会也需要更多的人具备坚毅的品质,面对挑战不退缩,追求目标不放弃,实现个人的价值,推动社会的进步。

第五章　高校德育教育与传统文化融合的依据

第一节　高校德育教育与传统文化融合的必要性

"传统文化是我国五千年文明的思想传承,其中蕴含了较为丰富的德育素材与思想,开展校园德育教育并积极融入传统文化,能够在很大程度上提升教学质量,促进素质教育目标的实现。"[①]

一、个人需要

在世界全球化的大背景下,世界各国的文化交流越来越多。互联网等新媒体的快速发展,也加速了各种思想文化的传播。在快节奏生活的当下,更多的大学生通过网络来了解信息。也正因此,各种消极负面思想通过互联网快速传播,对于大学生的价值观形成了重大的冲击。而高校长久以来,注重学业成绩的量化指标。忽视了多元思潮对高校学生的影响,放松了对学生思想道德的培养,促使诸多思想道德问题在高校学生中蔓延。在这样的背景下,个人对于道德价值的需求同样十分强烈。

中华优秀传统文化蕴含深刻的道德理念和价值准则。爱国情怀、勇于担当、敢于革新等思想,依旧是中华优秀传统文化影响至今的宝贵精神财富,一直潜移默化

---

①赵红强.高中德育教育与传统文化融合的途径探析[J].试题与研究,2021(14):127.

地影响着中国人的生活与行为方式,在社会的个人道德评判和价值取向标准确立上发挥着重要作用。新时代,传承与发展中华优秀传统文化,有助于提升个人文化修养,提高对人或事物的判断能力,树立正确的世界观、人生观与价值观。

二、社会需要

构建文明和谐的社会环境一直是社会治理的目标之一。随着社会经济的高速发展,人们的物质水平较之以前有了很大程度的提高,生活质量也有了很大的改善,但随之而来的则是精神层面上的缺失。因此,新时代,要构建文明和谐的社会环境,应该加强道德价值体系的建设与引导。

社会主义核心价值观是当代社会的"德",它在道德层面上约束着公民的行为。既要积极引导人们践行社会主义核心价值观,同时,也要在全社会提倡学习中华优秀传统文化。千百年来中国社会的风俗习惯、生活方式、思想道德都受到中华优秀传统文化的影响。中华优秀传统文化以"德"为先。爱国情怀、诚实守信、崇尚英雄、尊老爱幼等都是中华传统美德中的精髓,一直延续至今,影响深远。中华优秀传统文化是"德"之底色。将其与社会主义核心价值观及当代中国精神相结合,可以推动文明和谐的社会环境建设,为人际交往树立良好的道德规范,丰富全民的精神家园,鼓励人们积极向善。

三、时代需要

在新时代这个新的历史交汇点上,面对国内外严峻的发展局势,如何在全球化时代抵御文化入侵,如何在互联网大数据时代海量信息中增强辨别问题的能力,都是中国所面临的新时代课题。中华优秀传统文化作为自古至今中国人的价值体系和精神力量,在新时代依然具有影响力。结合国内外发展的新形势,对于中华优秀传统文化的深入认识与挖掘工作是重中之重。加快中华优秀传统文化创新性转化过程,实现其当代价值,有利于抵御网络大数据时代多元思潮的负面影响。通过对中华优秀传统文化的当代转化,充实高校这一人才培养基地的课程内容,提升高校学生人文和道德修养,有利于中国向世界展示中国新一代大学生的精神面貌,展现中华优秀传统文化的当代魅力。以此,进一步增强文化自信,增强民族自豪感与认同感,提升全民文化素养,提高国家文化软实力,增强中国国际影响力。

第二节 高校德育教育与传统 文化融合的可行性

一、教育理念相同

"立德",指树立道德,"树人"论人的培养。这是古人所推崇的教育理念。立德以树人,树人先立德,"立德""树人"两个词语的背后蕴含着一个亘古不变的深刻道理,即德是人之根本。这是融入中华民族血液里的传统教育理念。

人才培养是育人与育才相统一的过程,育人是本,育人的根本在于立德。这是人才培养的辩证法。在新时代,高校是人才培养的主阵地。尽管社会的高速发展赋予了学校更多的使命与功能,但高校最根本的任务还是为国家和社会培养人才。要把大学生培养成可以为国家和社会做出贡献的人才,不仅要抓好专业知识,更要树立良好道德品质。在这一点上,中华优秀传统文化与高校德育教育之间在核心教育理念上就达成了一致。即在教育过程中实现"立德"与"树人"之间的平衡。

二、教育功能相同

"中华优秀传统文化对于学生的发展具有良好的指导和塑造作用,能为高校教育提供丰富的素材。"①中华优秀传统文化与高校德育教育的功能是相同的,二者都是从思想上对人进行培养,引导人在一定的社会环境下如何生活。

第一,育人功能相同,中华优秀传统文化是中华民族几千年凝聚的智慧结晶。有着丰富的道德内涵和人生哲理,引导人们树立正确的价值观,成为中华民族世世代代的精神家园。高校德育教育的目标也是培养学生的责任感与使命感,使学生树立正确的人生观,明确正确的政治方向,具备良好的道德品质,成为合格的社会主义接班人。

①陈心恬.中华优秀传统文化在高校德育教育中的渗透[J].中华活页文选(传统文化教学与研究),2023
(06):166.

第二,价值导向功能相同。中华优秀传统文化中爱国、忠义、诚实守信等道德价值内容涵盖了对人生价值的引导,它引导人们做一个明德守法,尊师重道的人。高校德育教育也同样如此,它是按照一定的原则与方法,引导学生树立正确的价值观,成为一名合格的社会公民。

第三,凝聚民族力量功能相同。中华优秀传统文化是中华民族宝贵的精神血脉,千百年来,历经磨难的中华民族凭借着坚忍不拔的民族精神战胜了一个又一个困难,中华优秀传统文化成为了中华民族凝神聚气的精神财富。高校德育教育也同样担负着丰富学生精神世界,塑造坚毅品格的任务,让学生在德育中获得精神力量,勇于战胜困难,永不退缩。

三、教育内容相同

中华优秀传统文化包含的爱国主义、人生哲理和理想信念等内容在当下依然具有很强的现实意义,是高校德育教育内容的源泉。

第一,爱国主义是高校德育教育的核心内容,它应根植于每个人的心中,只有这样才能推动中华民族不断发展与前进。在中华优秀传统文化中,讲述爱国主义内容的并不少,屈原、岳飞、林则徐等人的英雄事迹,都在向学生传达着不同年代的爱国主义思想。这些内容都激励着一代又一代的中国人努力奋进,建设祖国,也为高校德育教育提供了丰富的爱国主义教育内容。

第二,中华优秀传统文化与高校德育教育都注重进行正确的人生观、价值观和世界观的引导。中华优秀传统文化中有不少诗词都是讲求积极的人生态度与处世之道,例如,"近水楼台先得月,向阳花木易为春""居高声自远,非是藉秋风""欲穷千里目,更上一层楼"等,这些内容也与高校德育教育内容有着重合之处,也对高校学子树立积极的人生观、世界观和价值观起到重大的作用。

第三,大学生要早立志,立大志。中华优秀传统文化对理想信念的重视早已不言而喻。"长风破浪会有时,直挂云帆济沧海""但愿苍生俱饱暖,不辞辛苦出山林"都体现了古人对理想信念的重视,也提倡每个人树立自己的志向。到了当代,高校德育教育也在积极引导学生树立正确的人生观、世界观和价值观之后,找寻自己的志向,为国家和个人而奋斗。

第三节　高校德育教育与传统文化融合的原则

一、理论与实践原则

中华优秀传统文化的独特魅力源自其博大精深的内涵,这不仅是理论的堆积,更是历经漫长实践所沉淀的智慧结晶。在中国,马克思主义理论经过实践检验后,演化成了中国化、时代化的理论体系,显示出了理论在实践中的价值所在。因此,将理论与实践原则贯穿于大学生学习中华优秀传统文化的思政教育中,具有重要意义。

从理论层面看,以马克思主义理论为指导,将中华优秀传统文化与新时代的需求相结合,是推动这一目标的首要任务。这需要对传统文化进行系统梳理和深入挖掘,使之与当代高校大学生的思维发展相契合。通过创新性的理论宣讲和学习方式,不断推进传统文化理论的创新与转化,使其更具时代特色和普适性。此外,借助古典书籍、文物等资源,进行深入研究,从中汲取理论滋养,以便将其更好地融入高校思政教育中,进一步提升传统文化的理论深度与内涵。

从实践层面看,高校需要制定全面的战略规划,确保传统文化的实践活动与高校的整体发展方向相一致。这不仅需要长期性和实效性的活动安排,更要求有目的、有组织、有计划地开展起来。在此过程中,必须深入了解学生的兴趣和需求,设计出富有吸引力的实践形式,如参观考察、文化交流、传统技艺体验等,以激发学生的参与热情。同时,通过建立科学完备的奖励机制,如学分激励、奖金激励等,引导学生积极参与,从而将理论学习与实践活动相结合,加深学生对传统文化的理解与体验。

因此,将理论与实践相统一成为了高校思政教育中的一项迫切任务。只有通过理论的学习与实践的体验相辅相成,才能真正实现优秀传统文化的传承与发展。这不仅能够为大学生提供更丰富的学习体验,也能够使传统文化的精髓更好地融入当代社会生活,具有深远的现实意义。同时,这种理论与实践的相互促进,也将激发出更多的创新力量,推动中华优秀传统文化走向更加光辉的未来。

二、批判与创新原则

中华传统文化作为中华民族长期发展的产物,历经兴衰沉淀,在其漫长的历史过程中,既有优秀的传承,也不可避免地存在着不适应时代发展的糟粕。在推进传统文化融入大学生思政教育的过程中,批判与创新原则的应用显得尤为重要。

第一,以批判的视角审视传统文化,认真分析其中的糟粕和优秀部分。通过深入研究和批判性思考,清晰界定哪些思想观念已不适应当代社会的发展需求,哪些具有价值可供继承和发扬。尤其是对于那些具有促进中华民族伟大复兴的思想内涵,如家国情怀、明礼诚信等,需要予以重视和传承,以其为引领,为大学生思政教育提供积极的指导。

第二,创新是发展的重要动力。在传统文化融入大学生思政教育的过程中,必须不断创新教学方式、理念和实践活动,使之与时代发展相契合。这需要结合国家发展的实际和青年学生的特点,积极探索易于当代大学生接受和理解的教育手段,从而实现传统文化与当代大学生思想观念的有机融合。

三、互补与互容原则

中华优秀传统文化与思政教育研究处于多学科的交叉视野之中。在进行研究时,需要融合其他相关学科的研究成果,借鉴其他学科的研究方法,但应适度有条件。传统文化的发展历程显示了其强大的包容性,吸收了多民族的优秀文化,借鉴了外国先进文化。这种包容性是传统文化生命力的源泉,也是其不断发展的关键。因此,人们需要客观科学地对待外国思想和文化,以中华优秀文化为基础,大胆引进外来文化,并结合中华民族的价值观进行整合,创造出符合时代要求的新文化。

每种文化都具有鲜明的时代特征,要想使中华优秀传统文化焕发新的生命力,就必须密切关注时代的变化。尤其是在将传统文化应用于当代青年思政教育中时,更需要将传统文化特质与时代精神相结合。在强调传统文化继承的同时,应以发展的眼光对待,使其在当今社会形势下发挥新的作用。因此,需要将时代精神与传统文化相融合,以发展的视角找寻具有现代特性的传统文化部分,并赋予其新的活力。

第六章　高校德育教育与传统思想文化的融合

第一节　修身思想与高校德育教育

孔子的修身思想是儒家思想的核心之一,也是其主要内容之一。在孔子看来,修身是指个人内心的修养和自我完善。本节以孔子修身思想为例,探讨修身思想与高校德育教育。

一、孔子修身思想融入大学生德育教育的必要性

(一)提高大学生的修身认知

"孔子思想对中国以及世界的思想文化影响深刻,孔子思想的第一要素即为修身。"①孔子修身思想充分显现仁者爱人、推己及人、自省自悟、慎思慎独等优良品质,学习孔子修身思想有助于培育大学生的道德自律,提高大学生的修身认知,将孔子优秀思想不断继承和弘扬,引导大学生积极传承、弘扬源远流长、博大精深的中华优秀文化,从中汲取养分,提升个人道德素养,旨在养成内圣外王的君子人格。大学生是国家的新生代,充满朝气、蓬勃发展,大学生需要从小事做起,激发内心的责任感、使命感,提升道德修养,养成修身认知,需要始终认识到加强个人道德建设的重要性。教育者将孔子修身思想融入大学生德育教育,充实德育教育资源,提高大学生的修身认知,修身以养德,修身以成人,道德意识、道德自觉性的养成是成人成才的必经之路。

---

①张彬彬.孔子修身思想对高校德育教育的启示研究[D].长春:吉林农业大学,2016:3.

大学生处在身心发展的关键时期,需要进行悉心的引导与栽培,德育教育工作要落实、落细,需要引导大学生树立并践行新时代荣辱观、价值观。弘扬并传承中华优秀文化,借鉴孔子修身思想,激发内心的道德自觉,将道德他律转换为道德自律。积极学习修身理论知识,不断提高修身认知,结合时代新知识、新思想、新经验,培养正确的道德意识,不断提高个人道德修养。即便没有外在要求的约束,也能秉持内心的道德准绳,懂得分辨是非对错,坚定理想信念,做到慎思慎独,自省自悟。

孔子修身思想中包含的立志、勤学、自省、笃行等一系列具体的修身方法,更是可以灵活化、具象化地运用于生活、学习中。大学生需要积极学习并实际践行孔子修身方法,找寻人生价值,实现人生目标。现今大学生道德素养的提升是尤为重要的,育人之本,德育为先,可以借鉴古人的智慧,发挥中华优秀思想的魅力,充实德育教育资源,将孔子修身思想融入大学生德育教育,借鉴孔子修身方法指导大学生强化修身实践,规范一言一行,更为尽心尽力地完成学习、工作任务,恪守社会主义道德规范。

(二)磨炼大学生的修身意志

磨炼大学生的修身意志,锤炼道德品格,树立坚持不懈、无坚不摧的精神品质。大学生需要积极学习党奋勇前行的精神,主动进行自我反思、自我修炼、自我完善,将修炼身心作为实现人生理想的必行之路。中国人经历万般艰难险阻,依然能无所畏惧、无往不胜,正是中国精神给予的财富。作为新时代接班人需要锤炼坚韧自强的精神品格,将意志力转化为内驱力,不断砥砺前行。只有坚定理想信念,磨炼修身意志,才能保持初心,不畏风雨,不惧艰险,坚定不移地实现奋斗目标。大学生是新时代奋勇前行的主力军,需要厚植爱国情怀,有责任有担当,肩负时代使命,为实现国家与个人的发展目标而不懈努力。

磨炼修身意志,养成君子人格,实现人生价值,坚持知行统一,懂得行动胜于雄辩,将任务目标落细、落小、落实。笃行得以致远,将孔子修身思想融入大学生德育教育,教师可以结合时代要求,引导大学生进行修身实践,德育教育可以采取具体、直观、日常化的形式进行,让学生都能清晰地感受、理解,将时代目标内化为自身目标,再将其转化为行动。做到明大德、守公德、严私德,教师需要重视德育教育,充分利用好校园德育阵地地位,做到言传身教,不断丰富知识储备。孔子修身思想历久弥新,人们从孔子修身思想中感受到了孔子严于律己的自律精神,学习到孔夫子身上时刻保有的仁爱之心,怀有不畏艰苦之决心。

现今大部分大学生自尊心较强,耐挫力较弱,需要不断学习、吸收孔子修身思想中的有益元素,磨炼修身意志,在修身养性中激发内在的力量,懂得并做到严于修身、严于律己,勇于面对错综复杂的社会问题,培养坚毅的良好品质,实现自我发展,自我超越。大学生还要养成道德自觉、道德自律意识,向优秀道德模范学习,努力克服实践中面对的各种艰难险阻,将孔子修身思想根植于身心。

(三)陶冶大学生的修身情感

孔子修身思想是儒家学派的核心内容,激励着一代代仁人志士树立修身意识,陶冶修身情感。现今,大学生应该传承弘扬孔子修身思想,对修身保有崇敬的情感,学习古人智慧,实现理想,肩负起时代责任,为孔子修身思想注入新的发展理念,注入新鲜的血液。大学生需要注重培养道德意识、道德自律,激发内心的道德自觉,将优良品质内化为个人品德,将养成君子人格作为目标,厚植家国情怀。借鉴孔子修身思想的精神内涵与修身方法,不断激发自身道德情感的培养,在日常生活中陶冶修身情感,多多储备修身相关的理论知识,善于学习与交流,陶冶道德情操,在修养身心的过程中获得充实感、满足感,修身养性,修身成德,修得获取幸福的能力,保持仁爱,形成积极向上的修身情感。

陶冶大学生的修身情感,需要健全对修身思想的认知,认识到修身对人对己的重要意义,不断激发内在的道德意识,主动肩负责任与使命,厚植家国情怀,培养爱国精神。陶冶大学生的修身情感,还需要引导大学生将孔子修身思想应用于日常生活中,明是非、讲规则、辨善恶,时刻能够保持仁爱之心,将道德他律转化为道德自律,懂得人生价值的实现不是外在条件所决定的,而是由自我内心决定的,提高对自我的认知,遇事能够沉心静气,自省自悟,慎思慎独,不断陶冶修身情感,完成使命,肩负时代大任。

陶冶大学生的修身情感,还可以借鉴孔子修身思想,引导大学生提升道德修养,培养道德自律意识,积极进行修身实践,将修养身心作为日常功课,注重日常品行的培育,良好言行规范的养成,提高大学生的是非判断力、价值选择力、自身约束力,帮助大学生向阳生长。孔子修身思想为大学生德育教育的实际践行指明了方向,有助于大学生提升个人道德修养,养成道德自律意识,将内心的道德准则付诸实践。

二、孔子修身思想融入大学生德育教育的路径

(一)孔子修身思想融入主题班会中

孔子修身思想融入主题班会的内容选取需要结合大学生实际情况,更为生活化、形象化,建立起传统与现代之间的连接。将孔子修身思想灵活、有效地融入主题班会中,具体可以从以下方面入手:

1. 提倡学生自省自悟

主题班会需要提倡大学生进行自我感知,进行自省自悟。在学习与实践中,需要勤于反思、省察、衡量自我言行举止是否符合道德规范、道德标准。勤加反思,改正,才能不断完善提升,做到尽善尽美。大学生需要注重明德修身,将正确的道德观念、价值取向外化为言行举止、品德修为,逐渐养成修身情感、修身意志,不断提升自身的道德自觉、道德自律意识,提升个人道德修养。德育教育需要将"克己内省"的德育方法融入主题班会全过程中,从而有助于构建"自觉""自省""自悟"的内心道德秩序,在学习生活中对自己高标准、严要求。主题班会是德育教育的重要阵地,将孔子修身思想有效融入主题班会,引导学生自省自悟,鼓励大学生学会自我约束、时常反思、不断完善,从而实现主题班会的德育教育效果。

主题班会的目标拟定可以从身边案例、实际生活着手,将孔子修身思想融入大学生德育教育,需要注重大学生内在道德观念的形成,引导大学生主动进行自我反省、感知。主题班会倾向于关注学生健全人格的养成,关注学生的内心想法与需求,引导学生正确处理自我情绪,懂得如何养成道德自律,学会与人为善,肩负社会责任等。在过程中,要尊重学生的主体性,提倡学生自省自悟,教育学生养成道德意识、道德自律。

在班会的内容选取、主题设计上,使孔子修身思想与生活更为贴切,会有利于与学生产生共鸣。孔子修身思想注重自我感知,班会的设计可以引导学生在学思践悟中提高理想信念。健康不仅需要拥有强健的体魄,不受疾病困扰,更需要心智健全、心理健康,具有良好的社会适应性与道德修养。德育教育旨在培养身心健康的人,将孔子修身思想融入主题班会中,提倡学生自省自悟,自我感知,培养道德自律,激发内在的道德自觉。班会可以选取与修身相关的主题,鼓励学生主动参与,

调动积极性,关注学生的自我成长。班会主题设计可以从以下方面入手:

(1)关注学生的身心健康。班会需要让学生充分了解有关身心健康的知识,认识到内在的品德修养是尤为重要的,培育学生养成君子人格,引导学生注重自我认知、自我调节,提倡学生自省自悟。

(2)班会主题选取应从大到小,由远及近。传统的班会主题经常关注"高、大、全"的人物、事件、思想等,将孔子修身思想融入主题班会中,提倡学生自省自悟,引导学生从"小、近、实"的人物、事件、价值判断中领悟修身的真谛,注重启发式教学,开展主题演讲、小组讨论等活动,突出学生的主体性地位,注重主题内容的针对性、实效性。

(3)主题选取从浅入深、由表及里。班会的主题选取,可以把学生生活中面对的最直接、最常见的问题、困惑等作为切入点,遵循大学生的身心发展规律,循序渐进,从具体到抽象,从感性到理性地不断延展,鼓励学生自我反省、体悟,使孔子修身思想根植于学生的心中。

2.注重学生君子人格的养成

主题班会需要注重大学生的人格教育,培育君子人格。在主题班会中,引导大学生不断提升个人道德修养,培养道德自律,旨在养成君子人格。在当代,出现了一个现实并严峻的问题,便是人格的物化。人格的物化则表征着人的道德属性与自然属性脱节,以物欲满足为主的自然性战胜了以精神追求为主的道德属性,也就意味着以道德属性为重要特征的人之为人的本质的消解,人的尊严的丧失。孔子并没有完全忽视物质的需要与满足,而是建议把更多的时间与精力投入到学习习惯及道德修养的养成上,做到"忧道不忧贫"。其实,当人们更加关注提升道德修养,更加注重精神世界的充实时,自然会冲淡个人的私欲。

孔子修身旨在养成君子人格,正是强调这种人生追求和人生境界,有力地反抗了社会中出现的人格物化的问题。大学正是身心逐步趋近成熟的阶段,世界观、人生观和价值观不断构建并完善。大学生接受新信息的速度快,但容易受到各种不良信息的侵害。在义利的选择上,是"见利思义"还是"见利忘义",在生活方式的选择上,是重视物质世界的满足还是精神世界的丰盈,这些都是大学生在面对复杂多样的社会发展趋势下所必须做出的判断与选择。

主题班会需要注重大学生君子人格的培养,要充分发挥德育教育的作用,在主题班会中,融入孔子修身思想,培养大学生的道德自律意识与社会责任感和使命感,提升文化素养,坚定文化自信。班会课上可以展示时代楷模、道德模范等的先进事迹,或者邀请先进人物参与到主题班会中,鲜活真实的人物会带来更加具象的心灵冲击,赋予君子新时代意义,有助于大学生树立积极正向的价值取向,养成理想人格,彰显社会道德高度。人的属性包含自然属性与社会属性,但就发展而言,人类的社会属性起到重要的作用。人的道德规范性是人类社会属性的一个方面。要在社会中立足发展,需要承担相应的社会责任,遵守道德规范,作为道德主体需懂得享受权利并履行义务。

每个人所肩负并履行的道德准则在不同主体关系中存在不同的内容与要求。其中,道德责任有三种:对待人、对待社会、对待自然。每个人都需要自觉主动地承担道德义务、道德责任。知者不惑就是通晓为人处世的道理,从而不疑惑。人具有道德性,遵守道德伦理,做应做之事,不断养成君子人格。一个有智慧的人,会对个人道德修养有更高的要求,旨在养成君子人格。现今,为实现大学生德育教育的立德树人目标,将孔子修身思想融入主题班会中,在主题班会上,帮助学生不断养成道德自律,培养道德意识,完善人格修养,旨在养成君子人格。

纵观当前社会,道德失范现象频频出现,从社会的制度层面剖析,市场经济飞速发展,运行的制度化、规范化有待提高并完善,人们在追求利益、发展的同时道德自律性有所缺失。从价值取向看,面对错综复杂的国内国际形势,社会分工、社会结构等变化对人生观和价值观产生影响,需要加强社会主义核心价值观的指引,不管是制度上的约束,还是价值上的引导,都需要经过个体的自觉选择和认同,因此个体道德修养的提升、君子人格的培育显得尤为重要。

在新时代,君子被赋予新的使命,君子的言行举止、思想品质需要符合新时代的发展要求,做到立场坚定,思想端正,能够主动肩负起国家复兴大任。在主题班会中,需要引导大学生学会分辨社会化过程中需要坚守与摒弃的东西。在信息化飞速发展的今天,面对繁多复杂的文化、价值体系的冲击,大学生要自觉坚持正确的价值导向,将孔子修身思想融入主题班会中,注重学生君子人格的养成。可以找寻新时代的君子形象,在主题班会中运用榜样示范法为学生树立正确的价值导向,有利于大学生树立社会责任感,充分激发修身思想在融入德育教育的过程中所发挥的德育价值。将孔子修身思想融入主题班会中,有助于培养大学生的道德自律与道德认知,将养成君子人格作为目标,感受其中蕴含的时代价值与德育启示。学生通过参与孔子修身思想相关的主题班会,得以有所获有所得,从而在实际生活中,更为积极主动地践行孔子修身思想的精髓。

3.引导学生做到为仁由己

"仁"是孔子修身思想的重要内容之一,孔子修身思想融入主题班会,需要实现"仁"的教育,所选班会内容与大学生的生活密切相关,将"仁"贯穿于实际案例中,将更具有说服力,更有利于引起学生的共鸣,引发其切身的感悟与体会,将"仁"根植于心,做到为仁由己。孔子特别就"心"上说"仁",这意味着"仁"生发于内"心",根源于内"心"。将孔子修身思想融入大学生德育教育中,融入主题班会中,引导学生做到为仁由己。以学生为本,以学生为主体,促使德育教育更贴近学生、贴近实际。孔子修身思想注重明德修身,自省自悟,为仁由己是修身需要做到的,孔子既承前贤又不断创新,在"为政以德"的政治下,发扬自己的思想,强调"为仁由己"的个体内在之德,从而为完善道德理论与推动道德践履做出了独特而重要的贡献。其理论创造与社会实践的意蕴积极而深远,尤其对当代社会的思想道德建设具有重要启示。

"仁"是人固有、潜藏在内心的道德自律。对人之向上的内在道德心之肯定,提示人们要多从外部索求转向内心省悟,从而做到由内而外、推己及人,这应是孔子论德释仁之初衷。生发于、根源于内心的仁德并非神秘、玄虚,仁德的培育与养成,需通过学与思结合、内省与外行结合,进行广泛深入的学习践行。在主题班会中需要注重孔子修身思想的融入,班会内容的选取应与学生生活密切相关,引导学生做到为仁由己。

孔子提出"仁者爱人",说明做到"仁""礼"的关键在于道德主体的实践。孔子修身思想更注重"力行",注重道德实践。无论道德理想、道德愿景多么崇高,如果缺乏道德主体自身的体悟感知,也就缺乏一定的意义和价值。现今,大学生要构建正向的价值体系,提升个人道德修养,激发道德自律意识,需要将修身思想落到实处,将高尚的道德理念践行于实处。将孔子修身思想融入主题班会,引导学生做到为仁由己,产生思想的共鸣,主题班会可以选取相关的主题内容,结合实事案例,采取角色扮演、情景剧等形式,提高学生主体的参与度与积极性,以期提升大学生的道德自律意识与个人修养。

大学生个人道德修养的提升是通过自身不断地感知、反思、实践,逐渐培养道德意识、道德自律,从而积累、进步、建构自我道德准则。大学生处在特殊的发展时期,渴望了解自己,提高自己,将孔子修身思想融入主题班会,引导学生做到为仁由己,对待亲人、朋友、陌生人都保有善意,学会与人为善、心怀感恩,培养人文情怀与仁爱之心。在班会中引导大学生,做到为仁由己,可以借助时政案例、生活案例,使学生能够在为人处事中保有一颗仁爱之心。

(二)孔子修身思想融入校园文化中

优良的校园文化具有德育熏陶、育人化人的作用。大学生修身意识、道德自律的培养有赖于校园文化潜移默化的影响。将孔子修身思想融入校园文化中,注重学风、教风、校风的人文性、主体性转向,营造博学力行的校园学风、构建言传身教的校园教风、树立明德修身的校园校风,提升大学生个人道德修养,养成理想人格。

1. 营造博学力行的校园学风

充分挖掘中学校园文化的德育教育价值,将孔子修身思想融入校园文化中,营造博学力行的校园学风,追求博学、好学、仁爱、内省、自律、笃行等优良品质。大学生自身要自觉地认知与理解孔子修身思想的精髓,体悟修身方法,通过课堂与班会的学习、社团活动的践行等,培养道德自律,提升道德修养。大学生要学会唤醒自我意识,懂得省察自我言行,懂得换位思考等。

校方可以多元化地设置评价体系,不以分数作为评价的唯一标准,注重品德修养的培育与考评。引导学生积极参与实践活动,善于反省感知,在社会生活中,践行初心使命。营造博学力行的学风,大学要改变单一的学生学业成绩评价模式,鼓励按照不同课程类别建立多元化的学生学业成绩评价体系,建立课程学分、绩点与学位授予挂钩的制度。对学生课堂表现、道德品行等进行检查与考核,设置相关条例,规范课堂与日常的言行表现,立体化地衡量学生的言行,从而进行针对性的德育教育。开展以学习孔子修身思想为主题的校园文化活动,提高学生对修身思想的认知,使学生懂得从自身做起,做到博学好学,注重言行一致,落实笃行力行,从而有助于营造浓厚的学习氛围。

对于学风建设,仅通过刚性的制度约束与外部环境的营造是很难触动大学生内心的,关爱大学生的需要才是根本。树立博学力行的学习氛围,让学生快乐学习,将博学力行的修身精神融入学风建设中,在情感上,予以学生尊重与关心,在评价体系方面,致力于全方位多样化的评价,促进大学生全面发展,有助于学生学业及各方面全面发展。大学生在情感方面希望与教师、管理者交朋友,他们的自我意识更强,希望作为独立的主体被尊重。学校需要重视学生的主体性地位,运用学生喜闻乐见的方式传播孔子修身思想,激发学习积极性,提升道德自律。学校可以举办孔子修身思想学习交流活动、孔子修身思想主题演讲活动、道德榜样学习活动、志愿者活动等,鼓励大学生主动参与校园学风建设,为营造博学力行的学风出谋划策。

2.构建言传身教的校园教风

孔子修身思想包含着言传身教,德育教育的成功与教师的知识储备及文化素养有着紧密的联系,构建言传身教的校园教风,教师需要身体力行,成为学生的榜样与表率。学校可以对教师进行相关培训,组织学习德育教育理论知识及孔子修身思想等,有助于提升教师的道德认知与道德自律,提升教师素养,从而更好地实现德育教育目标,提升学生的道德修养,养成君子人格。学校要注重对师德师风、校规校风的考核,将现代君子人格标准,贯穿到教师教学、学校管理中,规范师生自身行为要求,发挥教师言传身教的作用。

将孔子修身思想融入校园文化中,构建言传身教的校园教风,需要完善师德考核评价体系。要注重教师个人修养的评价,建立全校网上教学评价体系,将考核结果纳入奖金评定,为提高德育教学质量提供有针对性、合理的方式,教师需要明德修身、以身作则、身体力行,构建言传身教的校园教风。还需要加强课堂教学的监督、评价制度,形成健全的督导、评价机制,营造言传身教、明德修身的教学氛围。

大学需要注重提高德育教育质量,重视课堂教学管理,教师需要加强对学生的德育教育,培养学生养成道德意识、道德自律,教师自身严格自觉地遵守、执行学校规章制度,充分学习孔子修身思想,提升文化底蕴与知识储备,锤炼个人修养,懂得自省自悟、笃行实干。还需要实施教师修身思想培养计划。大学可组建教师学习中心,开展修身思想理论讲座,教师德育知识培训等,交流讨论孔子修身思想融入大学生德育教育的方法等,鼓励教师进行相关论文发表与教学实践,将其纳入奖金考评。

大学的教风建设需要从源头抓起。在招聘选拔中,大学教师应怀有高尚的道德情操、关爱学生并热忱于教育事业,乐于善于营造良好的教学风气,而不是仅仅具有高学历。校方需要及时、适时关心一线教师的需要,提升大学教师的教学自主权,营造良好的校园人际关系,树立公正客观的教师考核评价体系,将教师言行举止、道德规范考核置于重要位置,注重德育教育工作的开展,将其与绩效工资挂钩,并多多开展孔子修身思想相关的培训,使教师获得再教育与成长的机会,得以身体力行,更为专业、全面、系统地将孔子修身思想融入大学生德育教育工作中。德育教育应建立起以人为本的理念,将柔性的德育模式与严格的道德约束并行,刚柔并济,构筑幸福校园。

3. 树立明德修身的校园校风

校风包含学校长久积淀下来的优秀文化精神及学习与教学风气,它既是学校精神的集中反映,也是学生精神风貌的体现和外化。校园精神更能有效地保证德育教育的高水平发展。校园文化以共同的价值标准育人化人,起到潜移默化的德育效果,规范并约束着大学生的言行举止。构建优良的校园文化有利于大学生德育教育的发展,德育教育的发展将促进社会的发展,社会的发展也得益于文化的传承、弘扬,人创造了文化,文化也在塑造着人。优秀的思想文化,会在社会的发展过程中一脉相承,逐渐形成一种文化传统,得到社会的普遍认同,随后通过教育等方式进行传播,构成优良的文化环境,影响人们的行为、思维方式,人们在良好的社会文化环境中得以养成良好的道德品格,形成强烈的社会道德感、责任感、使命感。

孔子修身思想可以作为一种价值、一套规范体系,提供自身是非判断、价值选择的标准,注重道德自律的养成,引导学生将优良品德根植于言行之中。大学生作为祖国的未来,需要注重道德人格的养成,德育教育工作不可或缺,高校可以充分运用优秀传统文化的化人功效,对传统文化进行古为今用,将孔子修身思想融入大学生德育教育,为德育教育提供新的发展理念,引导大学生坚定文化自信,在多样文化中不忘本来、继往开来。

一方面,弘扬学风优良的校风,提升并完善办学理念,发挥校园文化的德育教育价值,引导学生不断修身力行,提升个人道德修养,形成合作学习、互助学习的凝聚力,为学校注入生机与活力。将孔子修身思想融入校园文化中,树立明德修身的校园校风,有目的有计划地通过系统的理论学习,继承并弘扬孔子修身思想,使之为塑造大学生的价值观、思维方式等提供智力支持。通过加强明德修身的校风建设,不断丰富大学生的精神世界,发挥校园文化的育人价值,营造学习孔子修身思想的校园文化氛围,在明德修身的校风熏陶中,起到潜移默化的德育效果,提升大学生的精神境界,将修身思想内化为学生的一言一行。

另一方面,注重校园修身风气的构建,凝练校训、校歌、校徽,积极传承并弘扬孔子修身思想,举办相关文化活动,美化校园环境,营造优良的校园风气,将明德修身思想融入校风建设,提高大学生的文化素养,并逐渐养成道德自觉、道德自律意识。将明德修身的思想深化在校园文化中,营造动静结合的修身环境,如建设有关君子文化的景观、长廊等公共区域,作为校园德育阵地,展示古代君子的名言、事迹、形象等,形成一条充满活力的校园文化街,鼓励学生开展与孔子修身思想相关的艺术表演、演讲、书法比赛等活动,进而不断陶冶大学生的道德情操,提升修身认知。在校园中可以开展多种提升自我修养的文化交流活动,比如,开展道德楷模、道德先进进校园活动,挖掘身边道德榜样,学习校园道德标兵,激发内在的道德认知,旨在养成君子人格。在校园文化中注重对学生的体验式教育,如精心设计具有修身内涵的学校毕业典礼,图书馆充实有关孔子修身思想的著作,陶冶大学生的修身情感,调动学生的修身热情,激发学生内在的道德意识、道德自律,树立社会责任感。

第二节 传统孝文化与高校德育教育

一、孝文化在高校德育中的价值定位

孝文化,从起源发展至今,一直以来都是中华民族的优秀传统道德观念与社会行为准则。孝,最基础的定义就是,身为儿女要对生养自己的父母做到敬养,对家族里的老人做到尊敬孝顺,尽量不违背他们的心意。孝文化作为一种传承千年的社会道德规范,具有很强的普适性。孝文化的核心就是"感恩"。感恩之心在任何一个时代任何一个社会,都是健全人格维护社会安定的精神本源。

(一)孝文化为高校德育增添精神养分

1.有利于培育自尊与自爱意识

"孝文化在我国有着悠久的历史,并且在我国社会发展中发挥着至关重要的作用,我国的孝文化是中华传统美德。"[1]传统孝文化中包含自尊自爱的观念,若能将其融入高校德育之中,对培育大学生自尊、自爱的意识会产生十分有利的作用。不论在生活中遇到什么事情,不论自己做的是对是错,都要学会接受自己,无条件地接纳自我。学会自尊自爱,认清自身的优点与不足。只有自尊自爱,好好生活,才

---

①张一澍,黄振华,王永明,等.传统孝文化在高校德育中的传承与创新[J].理论观察,2018(03):131.

有精力去做想做的事,去做有意义的事。在接受自己的基础上来改善自己、超越自己。

接受自己,是承认和接受事实,客观地评价和认识自己,不回避不幻想。做更好的自己,做到自尊自爱,是一个人拥有健康身心的基本表现。作为子女,合理地期待自己,找到"理想自我"和"现实自我"之间的平衡点。设定一些合理的能够实现的目标,专注于目标,增加自己的幸福感。允许自己犯错误,不要努力去做完人。一个人把自己一生的主要精力用于去改造缺点,改造完了对人类又没有贡献。要以目标为中心,不要过度关注自己的情绪。把注意力集中在自己的目标上,集中在自己正在做的事情上,负面情绪就不容易产生。不要太关注自己的感受,感受只是一种情绪。培养自己的兴趣,过充实的生活。如果你希望先得到自尊自爱然后再开始好好生活,那么你可能永远无法开始你想要的生活。不要把这个问题当成生活中的首要事情,而是积极地投入到自己的目标和兴趣中去,通过小事积累自信,通过兴趣增加快乐。

2. 有利于培育学生责任、爱国意识

孝不仅是中国社会的传统道德基础、立身行事的准则,孝也是一种爱的表达。爱是相互的,父母生育子女,抚养其长大成人,这是一种爱。子女关心父母,照顾父母也是一种爱。这两种爱中,均包含着"责任"。孝与责任之间是相辅相成的,责任因孝观念产生,孝观念又能进一步增强责任意识。

我国的历朝历代,一直都对传统孝文化保持着高度的重视。因为对国民进行孝文化教育,可以培养一个人对自己负责、对家庭负责、对社会对国家负责的责任感与使命感,让人们能做到:对自己,可以把握好行为规范、珍爱自己的身体健康、肩负起自己未来发展的责任;对家庭,可以更好地敬养孝亲、珍视自己的伴侣、呵护自己的子女、为了家庭生活得更加美好而努力提升自己的责任;对社会对国家,可以减轻自己工作中的思想负担,主动热心帮助他人,对他人或社会上的帮助心怀感恩并回馈社会,热爱祖国努力工作,为维护社会和谐国家安定尽自己的一份责任。

孝文化融入高校德育中,可以培养学生为自己负责、为家庭负责、为社会发展稳定负责的强烈的责任意识。当代高校大学生中部分人的社会责任感不够强。儒家孝文化中的谏亲思想与爱国思想可以为提高大学生的社会责任意识提供一定的借鉴,增强大学生独立思考和明辨是非的能力,增加大学生的勇气和自信。

3.有利于培育学生敬仰、感恩意识

感恩是乐于把得到恩惠的感激之情表达出来并且惠及他人。敬养与感恩,是传统孝文化中教育人们应当恪守的最基本的道德素养与人伦品格。由于社会发展进程的加快,当代部分大学生孝观念淡漠,最根本的因素就是"敬养孝亲"与"心怀感恩"这两种意识的缺失。作为德育教育阵地的高校,需要通过德育的方法方式,来为大学生树立正确的感恩意识、敬养意识,使之内化为大学生未来生活中的意识品德,更好地践行、弘扬和传承传统孝文化。孝文化作为一种传承千年的社会道德规范,具有很强的普适性。孝文化的核心就是"感恩"。因此,在高校德育中开展孝文化教育,对培养学生的自尊、自爱意识具有积极作用。

(二)孝文化融入高校德育具有实效性

近年来我国社会主义市场经济飞速发展,高速运行的社会环境改变着我们的生活方式,以至三观、人文素质方面也受到了一定的影响。特别是对于身心尚处发育阶段的大学生,更容易受到其影响。健康的精神世界依然是我国大学生的主流,但当前我国大学生的人文素质教育尚在起步阶段,其中不少亟待解决的问题不容忽视。

发展和构建现代人文素质教育的方式是纷繁多样的。日常生活环境中每个人都能保持良好的人文气息,在一定程度上影响着环境中大学生身心的发展轨迹。当代教育一直忽视了社会环境对大学生成长的影响。社会环境中的潜移默化的人文教育是全民教育,也是终身受益的教育,其内容具有开放性和多元性的特点。

社会的发展为我国带来了生产力与生产方式的巨大变化,然而尊老、敬老、养老的文化传统并没有变。如何构建现代养老观也是当前社会的热门话题。现代养老观就是在继承传统养老观的思想精髓的基础上,结合时代精神与现代的价值观念,满足老年人的精神需求,规范养老主体的观念与行为,努力消除社会经济的快速发展在思想道德文化领域中产生的负面影响。现代养老文化的构建,不仅需要学校德育的宣传,也需要家庭伦理道德体系回归本质,更需要从社会和政府的环境与政策角度给予保护与支撑。

(三)孝文化有助于高校德育外化实践

我国传统孝文化,传承几千年发展至今,拥有着十分丰富的德育内涵。孝文化在提升个人修养、增进家庭和睦、维护社会安定方面意义非凡。人们的先祖以他们过人的聪明智慧、丰富的生活阅历创造了绚烂多彩的优秀传统孝文化。伟大的华夏民族精神滋养了一代又一代中华儿女。但现如今,传统孝文化对高校大学生的影响却十分令人困扰。具有悠久传承历史、内涵丰富的优秀传统孝文化,是当前我国社会转型时期的高校德育教育建设发展中不可多得的重要资源与精神支撑。所以,在当代我国高校德育工作中,务必要重视发掘传统孝文化的精华,将创新的理念融入高校德育体系当中,这将对新时期的我国大学生的世界观、人生观、价值观的正确培养有着极为重要的导引作用。

将博大精深的孝文化资源中蕴含的优秀精华,有效地融入高校德育体系中,从而内化为当代大学生的自身修养,最终目的是要外化促进提升公民的个人修养、家庭品德、社会公德以及爱国情怀。这不仅有助于当代高校德育建设的健康全面发展,也为高校德育的外化实践的探索之路提供了新的思路、视角和方式,同时也是对中国优秀传统文化的更好的弘扬与传承。

二、孝文化在高校德育中的应用原则与路径

(一)孝文化在高校德育中的应用原则

1. 系统性原则

高校德育中应用孝文化资源必须遵循系统性原则。即便人们已经把孝文化资源从文化资源中分离了出来,但必须承认,孝文化资源依旧是一个庞杂的系统,由多个子要素构成。在利用资源的时候必须全面系统地关注到每一个要素。一方面,在整合、利用孝文化资源时,其中的每一个子要素都要顾及,只有这样,才能保证孝文化的整体作用得到最大的发挥;另一方面,也要注重对孝文化整个系统宏观上的整合与利用。结合马克思主义哲学整体与部分的辩证关系原理,部分必须以合理有效的方式组成整体,才能使整体发挥最大效用。同时,在整个传统文化大背景下,孝文化与其他文化同为子系统,那么就必须注意到作为子系统的孝文化与其他文化和整个传统文化的关系,使它们之间达到平衡。

2. 实事求是原则

高校德育中应用孝文化资源必须遵循实事求是的原则。孝文化本身就是一种复杂多元的文化。它产生于原始社会、发展在封建社会,再加上意识形态本身就具

有的相对滞后性,如今也难免有着封建残余。所以作为孝文化资源的开发者、利用者,德育教育者必须辩证地看待孝文化的发展历史,客观地审视其深刻内涵,既不能全盘接受,也不能全面否定,而应该实事求是地整合与利用德育教育孝文化资源。一方面,教育者全面客观地了解我国的德育教育发展现状,根据现有德育教育发展的规模、程度、结构等综合状况,来整合、利用资源;另一方面,德育教育者要考虑到客观的德育教育需要,受教育者需要什么样的孝文化,能接受什么样的孝文化,便利用什么样的孝文化来进行德育教育。

3. 合目的性原则

高校德育中应用孝文化资源必须遵循合目的性原则。合目的性原则,换一种说法即效益性原则。人类无论从事何种活动,都是合目的性与合规律性的统一,效益性原则符合这一规律。德育教育资源开发利用的目的,就是要使其功能和效用得到最大的发挥,促进人类与社会的全面发展与进步。这要求德育教育者在开发、利用孝文化资源时,明确德育教育目的,将开发资源的成本降至最低,以达到效益最大化的目的。

4. 继承与创新相结合原则

高校德育中应用孝文化资源必须遵循继承与创新相结合原则。世间万事万物都处在不断的变化发展之中,孝文化作为文化的一种,与经济基础、政治形态、社会风气及其他文化拓展着自身的内涵。这就要求德育教育者运用发展的眼光看待孝文化资源,不能局限在某个特定的历史时期。孝文化若想得到长足的发展,必须"面向世界、面向未来、面向现代化",在社会主义社会中,找到其赖以生存、发展的土壤。

整合与利用孝文化资源必须遵循可持续性原则。孝文化包含丰富的、可重复利用的精神文化,同时也包含物质文化。在开发利用那些以物质形态表现出来的孝文化资源如建筑、书籍、文物等的时候,必须要坚持可持续性原则。一方面,要适度开发、利用;另一方面,在开发和利用的同时,注意保护。

(二)孝文化在高校德育中的应用路径

1. 运用多元教育载体合力探索德育新方式

(1)校内外生活。学校与社会应形成合力,创新开展丰富多彩的孝文化实践活动。高校大学生通过践行孝文化来体会优秀传统孝观念文化的深刻内涵与情感体验。

发展和构建现代孝文化教育的方式是纷繁多样的。特别是作为人们主要日常生活集散区域的村委、街道和社区,这些区域发挥着社会主义精神文明建设的重要载体的作用,是宣传与实践孝文化的德育平台。当代教育一直忽视了社会环境对学生成长的影响。如何充分发挥社会、全民和以及各界媒体的力量,用何种具体措施来促进大学生的世界观、人生观以及价值观的良好形成,带动大学生健康成长,是值得当今所有教育研究者深思的问题。

(2)网络媒体。随着时代的进步,特别是网络媒体的快速发展,互联网日渐成为人们日常生活中不可或缺的一部分。要借助全社会的力量,开展形式丰富的各类文化宣传活动,将适应现代社会发展的优秀传统文化精髓渗透于学生的成长环境之中,切实提高我国优秀传统文化在学生中的影响力,积极促进人文素质教育工作的发展。大学生群体是国家的希望和民族未来的栋梁,政府和社会应以更加宽容的心态在尊重和理解大学生文化选择和喜好的基础上,鼓励并创新发展我国优秀的传统文化,充分利用互联网等社会资源,根据学生的敏锐感受力,开发创造具有我国特色的人文教育。这一代学生的成长,需要家庭、学校和社会共同努力,需要全社会共同关注和重视。积极挖掘优秀传统文化中的精髓,取其精华去其糟粕,同时要在此基础上不断继承创新,引导我国大学生健康成长,使中华文明在全球化浪潮中不断稳步前行。

2. 纳入高校教学实践完善德育体系建设

学校是大学生时期最重要的社会场所,有着先导与示范作用,将其作为传统文化宣传教育的主阵地这一点毋庸置疑。由于现阶段我国教育体制正从"应试教育"转向"素质教育",重成绩轻品德的现象仍然存在。作为传统文化的主要教育阵地,学校要把传统文化教育作为高校德育教育中的重要内容,从道德教育入手,开展各种主题系列活动,形成热爱优秀传统文化的风气。

孝文化理应成为高校德育中的基础教育。在当前这个纷繁复杂的社会大环境中,作为德育教育阵地的高校,应该多花一些精力关注现实问题的解决。特别是针对当前大学生孝文化缺失的情况,更应该统筹各个层面的资源,通力合作解决此问题。在高校德育的教学实践中,教育者应充分整理孝文化的相关资料,以马克思主义辩证法为指导,取其精华去其糟粕,将具有时代内涵的传统孝文化之精华,化为简明扼要、通俗易懂且具有指导实践作用的教育内容,从而丰富高校德育的教学实践。

在高校德育的教学实践中,应当把孝文化作为专题进行教学研究,开展孝文化相关的实践课程。结合学校、社团统一开展的孝文化相关实践活动,为高校大学生建立起一个科学的、完备的,具有发展性、可持续性的孝文化德育教育体系。一个国家未来的发展程度取决于大学生的整体素质。肩负着历史重任与社会责任的大学生步入社会,其道德水平与道德原则直接影响一个国家的国民素质。

第三节　"知行合一"思想与高校德育教育

德育教育是育人的先导,是教学的目标。大学生的成长与发展关系到社会主义的发展和建设,在教学过程中加强对大学生的德育教育,能在学生成长的关键期帮助学生树立正确的世界观、人生观和价值观。高效的德育教育需要以德育教育为载体,在教学过程中,联系生活实际,通过"知""行"结合的方式,提高教学质量,打造更有效的德育教学模式。

一、"知行合一"理念与德育教育间的相关性

(一) 困境的相关性

近年来,随着我国对教育的重视程度不断提升,各项教学政策也得到不断的丰富和完善,但在实际的教学中发现,我国的德育教育内容多以书本理论知识为主,在进行教学的过程中以教师讲授,学生理解接受的方式为主。教学中重视马克思主义以及习近平新时代中国特色社会主义思想等理论知识内容教授,通过教学丰富学生的理论知识,也导致在教学过程中出现学生眼高手低的情况,过度重视理论知识的讲授,导致学生在日常生活中,不能将所学的理论知识同实际生活进行联系,学生存在思维的固化。德育教育重理论轻实践的困境同知行合一提出时面临的困境具有相关性。

(二) 目标的相关性

知行合一思想理念主要侧重于对个人以及社会两层面的价值目标。对于个人来说,知行合一强调个人的发展,个人在学习过程中不断地丰富完善自己,实现立

德、立志、勤学、改过、责善;从社会的角度来说,知行合一强调个人的发展要在社会的大环境中得以实现,要实现自我的社会价值,将自身所学能积极地运用于生活的实践中。

知行合一对个人的发展目标在一定程度上同德育教育具有一致性。德育教育是指在具体的内容以及教师的引导下,实现对学生正确价值观的塑造,在教学的过程中能促进学生的个人发展,使学生在学习的过程中能及时将自身的优点进行扩大化,在对学生进行理论知识教育丰富学生知识内涵的同时,对学生自我价值的选择以及价值观的塑造也具有引导性的作用。德育教育对于学生的个人发展具有关键性的促进作用。

在进行教学的过程中德育教育会结合社会发展的趋势以及相关的政治性内容,培养学生的社会责任感,紧跟时代的步伐,将学生从独立的个人同社会的发展进行联系。德育教育不只是对学生个人发展的培养,在教学的过程中更是培养学生成为社会的一分子,从对时代主流意识的辨别以及选择到对我国社会主义道路的认识,通过德育教育,使学生能更加理性地融入社会的发展中,成为社会中的一分子,肩负社会责任。因此,从奔赴的目标来看,知行合一思想理念同德育教育具有目标的相关性。

(三)路径的相关性

知行合一思想理念的提出,是为了弥补程朱理学重理论、轻实践的现状,知行合一强调,注重对品德的认知同时也关注其行为的表现,要求知识分子在学习的过程中做到理论结合实际,将所学的理论知识用以指导自身的行为。德育教育是我国教学体系中重要的组成部分之一,新课改政策的提出,使德育教育的实践教学能力得到了重视。新课改政策要求,在进行教学改革的过程中应发挥德育教育的实践教学能力,在教学的过程中不仅要重视对学生理论知识的培养,更应关注对学生实践行动能力的培养,将学生所学的知识同实际的社会生活进行联系,使学生在学习的过程中能清晰地认识到理论结合实际的重要性,在培养学生思想理解能力的同时,培养学生理论联系实际的能力。

在日常生活中,学生自主地将所学的知识同实际的社会生活进行联系,拥有将理论知识用以指导行为的能力,在对事物正误的辨别中具有独立自主的意识。知行合一与德育教育在实现路径中具有相关性。知识接收的过程中加强对学生实际行动能力的培养,促进德育教育更具有落地性。

二、"知行合一"理念与德育教育应用价值的相关性

立德树人是我国教育教学的最主要目标之一,德育教育在教学的过程中具有培养学生自律意识、诚信意识、集体主义意识以及法律意识的作用,对学生个人发展具有积极的推动作用。知是指人内心的感觉,在实际生活中对事物的认知能力以及自身对事物的认识,行是指人的实际活动,知行合一运用于教学中是指在教学的过程中不仅要关注学生知识量的积累,同时在教学的过程中应培养学生解决实际问题以及将知识运用于实际生活的能力。知行合一理念与德育教育具有一定的相关性,两者具有共同的目标,在发展的过程中面临相似的困境,同时又具有共同实现的路径。

(一)培养学生的自律意识和诚信意识

诚信是中华民族传统美德,是人最优良品质之一,但在实际的生活中,大部分学生缺乏诚信,自律意识较差,不利于大学生的发展。德育教育在教学的过程中能培养学生的自律意识和诚信意识,教师为学生树立正确的榜样,开展相关的咨询,解决学生生活中的困惑,在沟通交流的过程中提高学生的心理素质。德育教育重视在教学活动中对学生良好品德的培养,通过实际案例以及榜样人物事件的分析,培养学生辨别是非善恶的能力,树立正确的价值观,培养学生良好的思想道德品质。

(二)培养学生的集体主义意识和法律意识

集体主义是强调每个人相互依存的哲学、政治、经济或社会观点。集体主义是一个基本的文化元素,人性中存在反个人主义,并在某些情况下强调组织目标对个人目标的优先级和凝聚力的重要性在社会群体中进行的判断和选择。德育教育的开展,能帮助学生在学习的过程中树立集体主义意识,在日常生活中避免出现享乐主义以及功利主义等意识。学生通过学习能正确认识集体主义和个人主义,掌握个人主义与集体主义的关系,在个人利益同集体利益之间产生矛盾时,能正确处理个人利益与集体利益的关系。通过德育教育,培养学生正确的价值观。此外,德育

教育能培养学生的法律意识,使学生通过教学成为一个懂法、能用法律规范自身行为能力的人。

三、"知行合一"下的"互动式教学"体系建设

互动式教学是指在教学的过程中尊重学生学习的主体地位,教师在教学的过程中发挥教学引导的作用。互动式教学打破了传统教学中学生被动地接受知识的局面,在教学的过程中能更好地发挥学生学习的主动性,充分调动学生学习的积极性,在教学内容以及教学过程的设计中,重视学生的主体地位,并且重视教学评价的开展。在互动式教学模式的建设下,德育教育也打造了高效德育课堂,在教学的过程中,推动了教学改革进程的发展,实现了更具有科学性的教学模式。

(一)教学过程互动化

互动式教学主题明确,条理清楚,探讨深入,能充分调动学员的积极性、创造性。在教学过程中,将理论知识同实际生活进行联系,学生在教师的引导下,用所学的理论对实际生活中的事件进行分析,学生学习的主体性得到发挥。互动式教学模式使教学的过程更趋于科学性,教师在教学的过程中将相关的理论知识对学生进行讲解,学生在理解接受后,教师将展示实际生活中的案例,由学生对具体的案例进行分析。在分析的过程中,学生结合所学的理论知识对实际的热点和事例发表自身的意见,教师对学生所发表的观点进行评价,这种教学模式打破传统教学活动中教师单向输出的局面。在教学的过程中,教学的成果能通过实际的社会事例得到反馈,同时在学生对事件的理解中,教师能同学生进行互动式的交流,通过交流能了解学生对于相关理论知识的理解情况。最后,在进行教学评价的过程中,学生能及时得到关于自身理解的正误的反馈,在教师的总结中对自身没能理解的知识点以及误解的知识点进行查漏补缺,在教学活动中,教师能同学生进行及时沟通,这种互动式的教学方式能最大程度地增强学生的参与感,激发学生学习的兴趣,在兴趣的支撑下打造高效的德育课堂,促进学生的全面健康发展。

(二)教学内容生活化

在互动式教学模式的创建下,德育教育内容更趋于生活化,在教学的过程中,

将生活化的教学内容同理论知识进行结合,有助于学生在学习的过程中进一步认识到德育教育的重要性。德育教育包括对学生政治制度、经济生活以及哲学理论等内容的教学,政治制度的教学使学生通过教学能对我国基本的政治制度以及社会主义道路进行了解,明白我国在发展的过程中应坚定不移地走中国特色社会主义道路的意义所在,培养学生基本的政治素养,使学生在发展的过程中能对我国基本的政治制度有所了解,拥有制度自信。

互动式教学模式构建了高效德育课堂,在互动式教学模式下,德育教育内容更加生活化,在教学内容的设计中,教师更加关注学生对理论知识的运用能力,在教学的过程中将实际生活中的事例与相关的社会热点进行联系,使学生在学习的过程中能将所学的理论知识同实际的社会生活发展进行联系,学生在将理论知识同实际社会生活进行联系的过程中,培养了解决问题的能力。学校德育要求,在教学活动中教育者需按照一定的社会或阶级要求,有目的、有计划、有系统地对受教育者施加思想、政治和道德等方面的影响,并通过受教育者积极地认识、体验与践行,使其形成一定社会与阶级所需要的品德。学生在进行理论知识学习的过程中能结合实际的生活对相关的理论知识进行理解接受,不仅培养了学生的实际行动能力,同时促进了学生对理论知识的理解,打造了更加高效的德育课堂。

(三)教学评价及时性

互动式的教学模式能及时地对教学的结果进行反馈。互动式教学是指在教学的过程中通过营造多边互动的教学环境,在教学双方平等交流探讨的过程中,达到不同观点碰撞交融,进而激发教学双方的主动性和探索性,达成提升教学效果的一种教学方式。互动式教学模式下,教学评价更具有及时性,以德育教育教学课堂为载体,学生对实际的社会热点以及事件进行分析,在分析的过程中,教师能针对学生的实际知识接受情况以及对实际社会热点分析的侧重点,及时进行教学评价,在互动式的教学课堂中,学生能及时对自身理解观点的正误进行判断,及时发现学习中存在的不足,在课中或者课后及时对不足的地方进行再次学习,提高学生学习的效率,使学生在不断地批评与自我批评中形成优质的思考品质,促进了高效德育课堂的建立。

第四节 "不言之教"思想与高校德育教育

老子的"不言之教"是道家思想的核心之一,也是其主要内容之一。这一概念强调通过无为而治,以及默默示人,达到教化的效果。本节以老子的"不言之教"为例,探讨"不言之教"思想与高校德育教育。

一、老子"不言之教"思想的特点与方法

春秋时期的社会大变革导致经济、政治和文化发生了剧烈变化,也给老子思想的形成提供了肥沃土壤。"不言之教"一词由老子最先提出,也是道家提出的极其重要的教育思想,它以"道法自然"和"人性自然论"为理论基础。"是以圣人处无为之事,行不言之教"。"不言之教"是老子对于圣人之教的经典表达。

(一)老子"不言之教"思想的主要特点

1. 灵活多变性

"不言之教"思想强调德育教育方法的灵活多变性。"不言之教"强调德育教育应该不受限于时间、地点和条件,且世间万物都能用来展开教育。《道德经》说道:"合抱之木,生于毫末;九层之台,起于累土;千里之行,始于足下。"老子用大树从小树苗成长而来、高台由土堆累积而来、千里远行始于脚下第一步这些例子告诉大家积累和细节的重要性,教育人们做事要循序渐进,从一桩一件的小事做起,积少成多,积小成大,最终一定能取得成功。老子在教育人们为人处世的道理时说道:"上德若谷"。用"山谷"比喻人的胸怀,强调做人要心胸宽广,宽容待人,胸怀就像深远的山谷一样。以此说明教育者可以将世间万物用到德育教育活动中,充当教育工具,用来启发教育对象,实现教育目的。教育者展开德育教育活动时也不应局限于封闭空间,可以随时随地、因势利导、因地制宜地启发教育对象,灵活多变地让受教育者领悟教育内容。

2. 重视教育环境的熏陶感染

教育环境的优劣必然会对人的成长发展有所影响,就像家庭环境一样,父母和睦,家庭温馨,子女就会养成乐观开朗的性格,父母喜好读书写字,家庭环境自然弥漫书香,子女也会喜欢阅读,博览群书,所以教育环境对教育者的影响是非常重要

的。教育者的教育始终有限,不可能随时随地都陪伴在受教育者身边,在受教育者的学习、生活和成长过程中,他们的时间大部分是处于社会之中,夹杂在各种各样不同的环境当中,必然会受到一些不良环境的侵蚀,所以整个教育的大环境在教育过程中也占有极为关键的地位,大环境如果不进行改变,那么之前的教育可能达不到理想效果。因此,"不言之教"注重环境对教育者润物细无声的感染和熏陶作用,倡导于无形中使受教育者领悟到德育教育内容,最终实现德育教育目标。

3. 强调教育对象的主体地位

教育者在教育活动中处于权威地位,忽视教育对象的自身意愿,强制运用说教、命令、奖励处罚等方法要求教育对象服从,在此过程中严重忽略了教育对象的主体地位,德育效果必然不尽如人意。而"不言之教"正是强调对教育对象的主体地位的认同,把教育对象作为德育教育活动的主角和中心,强调激发他们的主动性和内在潜能,学会自己思考探索,自我领悟。教育者在教育活动中要发挥自身的启发指导作用,使受教育者能自觉发挥主观能动性,将教育内容内化掌握,继而运用于实践,同时还能够对掌握的内容进行举一反三,善于发现和探索。

4. 教育主客体自身具有局限性

在德育过程中,"不言之教"对受教育者本身素质要求很高。由于受教育者所处的环境、地位、自身经历等都各不相同,导致他们自身的素质也有所不同,有高有低,参差不齐,因而在开展德育的过程中,每个人的理解能力、领悟能力都有差别,对于同样的内容,有些人能很快掌握,有的人却连基本理解都做不到。"不言之教"是否能取得预期效果最终还是取决于受教育者本身,也就是他们能否真正领悟教育内容并因此而学到东西。如果受教育者已有的经验、知识、能力、悟性没有达到"不言之教"所需的水平,那么就无法与教育者的"不言之教"产生默契,也无法达到应有的德育效果。

对于教育者来说,"不言之教"同样有很高的要求。

一方面,"不言之教"要求教育者身体力行,做出榜样,这样就需要教育者先努力提升自身德行,树立正确的三观,为受教育者带好头,受教育者便会不着痕迹受到感染,自觉向正确的道路发展。

另一方面,"不言之教"要求对受教育者采用因材施教的方法,因而教育者要掌握受教育者的个性需求和发展规律,以此来制定合适的教育计划。然而,教育对象数量庞大,质量参差不齐,教育者可能精力有限,不能完全掌握所需的材料,所以对教育对象逐个实施针对性教育稍显困难。因此,教育者需要不断地实践和学习,积累丰富的经验和知识,时刻保持进取之心,不断提升自身能力。

(二)老子"不言之教"思想的教育方法

1. 一视同仁

老子用"善者吾善之,不善者吾亦善之,德善"说明对于善良的人,则善待他;对于不善良的人,也善待他,这样不善良的人也变得善良。这正是老子"圣人常善救人,故无弃人"思想的体现。反映在教育中,教育者要平等对待每一位受教育者,不仅是善待表现优秀的,也要善待表现不佳的,从而能够使表现不佳者树立自尊心。老子长善救人,一视同仁的德育方法,有利于改变某些重智轻德、压抑受教育者个性的教育状况。教育者要用发展的眼光全面看待受教育者,同时为其成长提供充足的空间,让他们自由施展才华;教育者要公平对待所有受教育者,引导有问题的个体走出困境。

2. 身教示范

身教示范就是要求教育者通过身体力行来传达德育教育内容。教育者本身要拥有极高的道德修养,能够以身作则,给受教育者树立优秀的榜样,以自身高尚的情操陶冶受教育者,身体力行,于无形中感染受教育者,激发受教育者的道德情感,最终实现理想的教育效果。"以身观身,以家观家,以乡观乡,以邦观邦,以天下观天下。吾何以知天下之然哉?以此。"这句话的意思就是说通过观察自身、家、乡、邦、天下的境况来推测别人、家、乡、邦、别国天下的情况,推己及人。"不言之教"就是教育者以自身德行去影响受教育者,提升他们的素质修养,从而达到教育目的。

3. 因材施教

每个受教育者都处在不同的生活环境之中,他们每个人也拥有不同的先天遗传素质和年龄特征,也就是他们之间存在着个体差异。"夫物或行或随;或嘘或吹;或强或羸;或载或隳。"有的前进,有的后退,有的是热血的,也有的是冷血的,有的很强大,有的却很瘦弱,有的安居,有的危殆。人也是一样,人与人之间都是不同的,就比如在面对"道"时,"上士""中士""下士"都做出了不同的反应,"上士闻道,勤而行之;中士闻道,若存若亡;下士闻道,大笑之。""上士"听说"道"以后,就勤勉地开始练习它、运用它,"中士"则对"道"的存在半信半疑,而"下士"干脆哈哈大笑,认为"道"是荒诞不稽的。这就是因为人们之间的年龄、文化、修养、兴趣、爱好、悟性彼此不同,所以对事物的理解也存在着不同程度的差异。所以,要根据不同人的差异性展开具有针对性的教育。

《道德经》说:"是以圣人常善救人,故无弃人;常善救物,故无弃物。"圣人常常善于拯救人和物,因而在他们眼里不存在废弃的人和物,这是因为他们善于发现,能够人尽其才,物尽其用,顺应他们的本性,因性任物,各因其材。正所谓"率性而行谓之道"。因此,在教育活动中,教育者应做到善于观察,了解、掌握受教育者的个性差别,做到因性任物。只有根据教育对象的不同特点使用符合他们自身发展的教育方式,才能最终取得良好的效果。

4. 宽严并济

教育者要做到公平对待所有受教育者,全面看待他们,就必须要善于发现受教育者的优势和劣势,挖掘和发挥他们的长处,避免和克服他们的短处。"天之道,损有余而补不足。"自然的法则是损减多余的东西,借此来补充缺少的东西。对待教育对象就是如此,要改进他们的缺点与不足,引导他们将优势发挥出来。

"柔弱胜刚强"。当然,老子并没有否定"刚强"的作用,"知其雄,守其雌",知道什么是刚强却安守于雌柔的位置,可知维持柔弱的地位是为了变得刚强,柔弱与刚强是辩证的关系,二者可以互相转化。因而在德育教育过程中,教育者也应秉持"刚柔并济"的教育方法,对教育对象的优点加以表扬鼓励,对教育对象的错误思想给予及时的批评指正,引导、鼓励他们向正确的方向发展,宽严并济,实现德育目标。

5. 注重自我教育

"不言之教"也非常注重激发受教育者的自我教育能力。教育者的以身作则,身教示范和平等对待受教育者,必然会在日积月累中慢慢影响受教育者,使他们于潜移默化中领悟到教育内容,意识到自身存在的问题,然后能自觉改正,不断进步。除此之外,想要实现受教育者的自悟,还必须要能做到正确认识自己。能够了解他人的人是有智慧的,而能够正确认识自身才是最高明的。社会生活环境越来越复杂,人们总是免不了面临多种多样的诱惑,在这样的情况下心态必然受到影响,无法保持平静,变得浮躁,所以,正确认识自我就要排除一切杂念,收心归静,凝神于虚,进行自我反省,改进自身不足,努力提升自己的修养和素质。在身心达到虚静状态时,才能不被外界繁多的欲望扰乱心神,才能回归自己的自然本性,激发出自我教育能力,发挥主体性作用,促进德育目的的顺利实现。

二、老子"不言之教"思想对当代德育教育的启示

(一)对个人自我教育的启示

自我教育要求教育者按照受教育者的身心发展阶段予以适当的指导,充分发挥他们提高思想品德的自觉性、积极性,使他们能把教育者的要求,变为自己努力的目标。培养受教育者自我认识、自我监督和自我评价的能力,善于肯定并坚持自己正确的思想言行,勇于否定并改正自己错误的思想言行。

1.有利于培养个人主体意识

"不言之教"一直把受教育者放在主体地位,而不是强制地要求,启示教育者应通过各种各样的教育活动来提升受教育者的个人能力,尊重他们的个性发展,也就是自然性。人与动物相比最大的不同就是人有主体意识,对受教育者主体意识的培养,能使他们顺应自己的天性发展,最终实现自我价值。有了个人的主体意识,才能实现对自我的准确认知,正确认识自己,最终实现良好的自我教育的效果。

2.有利于塑造独立人格

自我教育最终要塑造受教育者形成自信、自强、自立、自尊品质的独立人格。老子的"不言之教"重视人的天性,强调受教育者的自主性和主体意识,促进了受教育者独立人格的形成。独立人格具有独立意识,自主性也较强,拥有独立人格的个体一般具备优秀的独立思考能力,凡事敢想敢做,对自我情绪的把控也较为到位,同时还具备一定的创造性。

在德育过程中,教育者掌握决定权和选择权,受教育者独立人格的培养受到阻碍,所以,教育者应将选择权还给受教育者,使他们能在教育过程中凭主观意愿选择,根据个体需求探索自身的发展,经过不断地自主选择的实践后,必然有助于独立人格的塑造。比如在学校中,不要剥夺学生独立自主的权利,也不要取代学生干部的地位,相信学生的工作能力、组织能力和管理能力,鼓励学生自行组织和管理活动,提高他们开展活动的热情和积极性,把在学生能力范围内的事情都尽量交给他们,锻炼他们独立做事的能力,同时还要给学生提供必要的理解、支持以及帮助,经过这样的锻炼,学生会不断地成长与进步,进而慢慢培养成独立自主的人格。

拥有独立人格的个人,对自己的发展有清晰的规划和目标,遇事能够沉着冷

静,迅速做出反应,寻求解决问题的方案,也不易人云亦云,凡事都有自己的独特看法和见解。拥有独立的人格,就意味着具备很强的自主性,能够进行自主性的学习,在开始学习前能够根据自身的学习能力制定学习计划,明确自己的学习目标,同时按照需要做好必要的、充足的准备,在学习过程中,有对学习进程进行自我监控和督促的能力,对学习的方法也有自我调控的能力,并能针对自己的学习结果进行自我检查,能够总结经验和教训,在之后的自主学习中提高效率。

所以,"不言之教"思想重视人的自然个性,强调复归人的自然本性,要求受教育者掌握选择权,居于主导地位,教育者要"不妄为",认为一切任其顺其自然便是最好的教育,因而对于帮助受教育者塑造独立的人格,培养个人的主体意识,发挥自身的自主性具有重要的影响,同时也对受教育者实现自我教育具有不可忽视的作用。

(二)对家庭德育的启示

1. 家庭德育中家长应以身作则

对于子女来说,无论父母的言行是正确的还是错误的,都会给他们带来深刻的影响,所以父母应给子女树立好榜样,每时每刻都要注意自身的行为举止,用正确的思想和行为来影响和教育子女,帮助子女扣好人生的第一粒扣子,迈好人生的第一个台阶。老子"不言之教"思想的教育理念中,提倡宽以待人、谦虚做人,对待一切事物拥有慈爱之心,能"以德报怨",遇事能克制私欲,不争知足。因此,家长在日常生活中要有意识地进行示范,加强道德教育,家长平时待人接物的态度,以及对人和社会的看法都会使子女在耳濡目染中受到影响,继而提升他们的道德素养,形成良好的道德习惯。

在家庭德育中,父母也要为子女提供良好的生活环境,使其在潜移默化中受到熏陶教育。家庭是子女的主要活动地点,所以维持良好的家庭关系是十分重要的,不仅如此,父母还需秉持正确的道德行为准则,除了要孝敬长辈外,还要与邻居和睦相处,创造温馨的家庭氛围,这样,不仅能给子女提供优良的生活环境,还能使他们从中获益。

2. 家庭德育中家长应严爱结合

老子"不言之教"认为教育应刚柔相济,家长不仅要以身作则,而且要用严爱结合的方式教育子女,要用关怀和爱的方式来引导子女的道德行为,对于错误的思想和行为要加以批评改正,引导他们走向正确的方向,养成良好的道德行为习惯。要避免一味地溺爱子女,或者独裁式干涉子女的成长,而是要在顺应子女成长规律和个性的前提下,尊重子女的主体地位,刚柔相济实施德育,帮助子女分辨是非,教导结合,启发思考,培养良好的道德品质和健康的身心。

(三)对学校德育的启示

1.教育者应不断提升自我水平

老子"不言之教"思想蕴含的最重要的部分之一就是教育者的榜样作用。对受教育者而言,教育者的身教示范、身体力行会给其带来巨大影响,教育者处处注意自己的行为举止,不断提升自我,将教育要求用自己良好的行动展现出来,为受教育者提供了学习样本,久而久之,受教育者必然受其感染,在不知不觉中就将教育内容消化吸收并能在生活中活学活用,进而帮助受教育者实现理想的德育效果。

教育者必须先将自身树立成为优秀典型,以自身高尚的思想、品质、行为来影响受教育者,激发他们对高尚人格的向往。在进行德育教育时,德育效果总是通过受教育者的行为展现出来,对其的道德评价往往也是通过观察他们平时的行为习惯是否符合道德标准,所以想要使受教育者具备优良的道德品质,教育者就必须时刻检点自己的行为举止,时刻注意自己的言谈是否有不妥之处,因为受教育者是以此来作为自己行动指南的。教育者的人格魅力对于受教育者也会产生影响,教师个性的教育力量就在于和取决于他身上把教师和教育者有机结合的程度如何。

教师的个性必然会对学生的个性塑造发挥作用,这就对教师的人格和德行等都提出了非常高的要求。教育者既要懂得关爱受教育者,又要懂得热爱自己的事业,爱岗敬业。教师若想用自身人格魅力去影响受教育者,那么他就必须要了解受教育者,这就需要他们深入受教育者的精神世界,与他们进行深度的交往,只有真正了解了他们的精神世界,德育教师的工作才可以真正发挥作用。"不言之教"不仅对教育者有较高要求,对受教育者也是一样的严要求,受教育者需不断提升自身实力,具备良好的领悟能力,才能与教育者完美配合,达到教育效果。

教育者需具备良好的德育教育素质,提高自身思想水平、政治水平,增强自身社会责任感,传递正确的世界观、人生观、价值观,在受教育者面对多彩世界产生困惑时,教育者能够成为他们的指明灯,帮助他们走出困惑,为他们指引方向,避免受教育者受到其他错误价值观的腐蚀。

2. 激发受教育者的创造性,实现个性发展

老子"不言之教"思想重视人的自然发展,要求教育应遵循事物发展的规律。教育者在开展教育活动时要重视受教育者的个性发展,时刻关注其思想动态,遵循他们成长学习的客观规律。比如在教学实践中,教育者要精心设计讲课内容,激发受教育者去主动思考和研究,积极地探索知识,使受教育者能实现融会贯通,这样有助于受教育者得到获取知识的能力,实现创造性的学习。教育者也不要排斥一些有着奇思妙想、标新立异行为的受教育者,而是要鼓励其发展和表现自己的发散性思维,鼓励他们发表自己的创造性见解。有的创造性见解可能会不合常规,可能会受到一些批评和质疑,对此,教育者应该秉着宽容包容的态度,正确地认识和看待这些奇思妙想,最终有助于实现教育对象创造力的蓬勃发展,并促进个性发展。

3. 因材施教,推动受教育者的全面发展

"不言之教"强调积累和实践的重要性,德育教育需要不断进行行动实践,学习也是一样,只有刻苦努力,才能取得好成绩,只有行动实践才能将理想变为现实,而在行动实践的过程中又能增强自身身体素质,热爱劳动能得到很好的智力和体力锻炼。老子主张教育应顺应自然,所以在教育过程中不应强迫受教育者学习,而是要尊重其个性,因材施教,让受教育者根据自身喜好学习。教育者不应过分追求分数,忽视受教育者的学习之外的发展,避免其被应试教育所束缚。在教育过程中,教育者还应保持永不知足的教学态度,保持时刻学习与思考的状态,并鼓励受教育者谦虚求知,戒骄戒躁,时刻自我反省,保持清醒的头脑,如此才能更好地接受教育,实现受教育者德智体美劳的全方位发展。

(四)对社会道德教育的启示

1. 发挥受教育者的主体作用

老子"不言之教"思想强调人的主体性,因而社会道德教育要发挥受教育者的主体作用。人民群众是历史的创造者,一切工作都需要在他们的支持和参与下才能顺利进行。所以要督促受教育者积极主动地参加到社会道德建设的事业中,发挥他们的主观能动性和无穷的创造能力。现在,人们的主体意识和自我意识越来越强烈,且无时无刻不在加强;而道德建设必须依靠大众的力量和支持,所以要树立道德模范,引导他们努力拼搏,艰苦奋斗,强化他们对于是与非、善与恶、美与丑

的分辨水平,最终使他们能够主动参与到道德建设的实践中来。

时代的进步离不开积极健康、蓬勃向上的道德风尚的引导,社会的进步更不能缺少模范人物的引导力量,道德模范可以说是这个社会的道德标杆,道德模范的出现让人们对道德行为准则和道德规范要求的理解和消化吸收变得更加简单,并很容易因此而受到感染和鼓励。道德模范并不是高高在上的神,他们的道德行为就体现在一点一滴的日常生活中,他们或者助人为乐,或者见义勇为,或者诚实守信,或者敬业奉献,或者孝老爱亲,他们的行为不仅是中华民族传承五千年优秀美德的体现,更是对社会主义核心价值观的身体力行,所以人们要发挥道德模范的示范作用,利用他们真实的事迹来进行示范和引导,以他们的人格魅力来吸引大众,用他们的优秀品质来感染大众,最终促进德育目标的实现。同时,道德模范典型要在社会普通大众的身边挖掘,这样的典型离人们越近,人们就越容易信任他们,自觉学习他们的感人事迹,起到实实在在的示范效果。学习道德模范要从现在抓起,从一桩一件的小事抓起,比如在家庭生活中,要尊敬长辈,关心家人;在学校里,与同学和睦相处,互助友好,尊敬师长;踏入社会后,要助人为乐,尊老爱幼,与人礼貌相处。从小事做起,聚沙成塔,最终帮助我们养成良好的道德习惯。

2. 营造良好的德育环境

营造良好的德育环境对德育教育的顺利开展也是极其重要的。先秦诸子百家极其注重德育教育,在统治阶级的大力推广下,儒家思想进入学堂,早期的显性德育课程应运而生。老子认为开展教育最有效的方法应该是潜移默化、隐性的方法,那就是"行不言之教","不言之教"并不意味着不言不语,而是意味着要在不知不觉中将教育内容传达给受教育者,不提倡耳提面命式的、灌输式的教育。

教育者的教育意图越是隐蔽,就越是能为教育的对象所接受,就越能转化为教育对象自己的内心要求。这就体现了隐性教育的重要性,其是相对显性教育而言的,使得受教育者在心理上无法察觉的情况下受到教育,教育者会隐藏教育目的和内容,将其渗透融入受教育者所处的日常环境中,并引导他们去体会去感悟,继而将德育教育内容消化吸收。

因此,在德育教育中,应该运用隐性教育的方式,营造良好的德育环境,在潜移默化中将教育内容传授给受教育者。隐性教育方式有三个显著特点:①教育者传递信息方式的隐蔽性;②受教育者接受教育的隐蔽性;③无意识性和隐性教育结果的隐蔽性。

现在的大学生自主意识显著增强,不管是在生活中还是学习中,他们都讨厌别人的强加干涉,叛逆心理也较强,所以针对这样的现状,隐性教育是非常有必要实施的。对于受教育者来说,不仅需要教育者的谨言慎行、以身作则,使他们在影响下能够提升自身的修养和道德水平,还需要家庭和社会方面的共同努力,为他们创造良好的德育教育环境,并将隐性教育融入家庭和社会生活中,长此以往,受教育者便会在耳濡目染中将教育内容消化吸收,也不会产生强制学习的反感和排斥,顺其自然接受教育。

现在的社会是一个网络化、信息化的社会,人人都可以随时上网了解资讯,因为网络信息传播速度快,辐射范围大,很多新鲜资讯都能第一时间在网络上知晓,电视新闻和报纸等传统媒体因为它们本身的限制导致消息传递速度完全无法与网络相比。当然,传统媒体也有它的优势所在,它已经经历了长时间的发展,具有稳定性,拥有广阔的群众基础,对大众来说具有较高的权威性、公信力、号召力。所以,隐性的德育教育可以从网络新媒体入手,联合电视、报纸等传统媒体,引导好舆论,坚持正确的舆论导向,弘扬真善美的优秀道德品质,对主旋律进行积极的传播和发扬,对社会主义核心价值观进行大力宣传,营造良好的舆论氛围,为社会道德教育的顺利进行添砖加瓦。

当然,也要加强对媒体的监管力度,对报道的内容要保证真实、可靠,不能因为想要吸引眼球或从中牟利就泯灭良心将失实的内容报道出来,给大众带来错误的导向。因此,要重视新兴媒体和传统媒体的力量,做好舆论宣传工作,让大众在潜移默化中养成良好的道德习惯,规范自己的言行,提升自我道德修养。

3. 注重积累与实践

老子的"不言之教"思想提倡"贵言""希言""九层之台,起于累土",由此不断地展开行动与实践是很有必要的。全部社会生活在本质上是实践的。凡是把理论引向神秘主义的神秘东西,都能在人的实践中以及对这个实践的理解中得到合理的解决。对于社会道德教育来说也是一样,只是依靠宣传说教是远远不够的,不仅需要将道德规范牢记于心,还要通过日常行为体现出来,不仅要在心中认同道德规范和品质,更重要的是身行力践,用实际行动践行道德规范,并能通过不断地实践,发现自身存在的不良道德习惯,时刻自省,不断提升本身的道德水平,最终达到行动与认知的高度统一。因此,在道德建设过程中,要加强德育实践,带动人们积极主动参加实践活动,将实践与人们的生活联系起来,引导人们从平常小事做起。比如广泛开展和参加志愿服务活动,帮助人们提高道德认知,增强他们的道德责任感,进而提高他们的道德能力。长此以往,便能通过实际行动不断地提升自身道德修养。

参考文献

[1]白翠红.高校德育思维方式发展研究[M].广州:中山大学出版社,2018.

[2]陈波,杨明鸿.论中华优秀传统文化的亲和力话语构建[J].学校党建与思想教育,2022(14):90-93.

[3]陈霞.好家风对高校德育建设的影响[J].北京印刷学院学报,2017,25(06):137.

[4]陈心恬.中华优秀传统文化在高校德育教育中的渗透[J].中华活页文选(传统文化教学与研究),2023(06):166.

[5]陈一秀.中国传统家礼的家庭德育价值研究[J].文学教育(下),2009(07):24-25.

[6]楚亚萍,刘红玲.明清家训德育思想的现代解读[J].贵州师范学院学报,2020,36(01):65-70.

[7]冯磊.大学德育中的传统文化教育探析[J].黑龙江教师发展学院学报,2023,42(05):142-144.

[8]谷汇梁.传统孝文化在高校德育中的价值与应用研究[D].郑州:华北水利水电大学,2018:35-43.

[9]顾月华.传承和弘扬中华优秀传统文化[J].江苏教育,2023(33):7-11.

[10]胡灿灿,张家飞.融媒体时代红色文化融入高校德育教育研究[J].边疆经济与文化,2022(12):108-112.

[11]黄礼峰,王雄杰,王宁宁.家风对高校学生德育的影响与对策[J].浙江理工大学学报,2015,34(06):251-254.

[12]姜靓翎.高校德育教育课程改革中知行合一理论的应用价值[J].黑河学院学报,2022,13(10):24-25+29.

[13]焦建平,张红丽.良好家风对高校德育建设的重要性研究[J].黄河水利职业技术学院学报,2017,29(04):96-98.

[14]孔丽君.新媒体时代下中华优秀传统文化与大学生德育工作融合创新的

探索[J].新丝路,2022(21):115.

[15]李刁.互联网+时代高校德育实践创新研究[M].武汉:华中师范大学出版社,2019.

[16]李鲁宁.优秀传统家训文化涵育大学生社会主义核心价值观探讨[J].辽宁农业职业技术学院学报,2020,22(02):38.

[17]李新.浅析中国传统文化与德育教育有效结合的途径[J].中国民族博览,2020(2):74-75.

[18]刘桂杏,黄美萍.家校共建视域下优良家风融入学校德育教育的研究[J].科学咨询(教育科研),2024(01):234-237.

[19]刘丽波.新时期高校德育教育创新发展研究[M].石家庄:河北人民出版社,2018.

[20]刘晓晨.中国传统文化与高校德育教育[J].中国科技投资,2013(35):479.

[21]马建欣.论中国优秀传统文化的家庭德育[J].甘肃社会科学,2017(3):237-243.

[22]彭援援,蒲清平,孟小军.习近平关于传统文化的德育思想论述及时代价值[J].重庆大学学报(社会科学版),2019,25(2):168-179.

[23]任少波.高校德育共同体[M].杭州:浙江大学出版社,2018.

[24]苏少丹.高校德育实践研究[M].北京:中国纺织出版社,2022.

[25]孙晓.基于知行合一德育观的高校德育教育问题及对策研究[D].西安:陕西科技大学,2012:12.

[26]孙月娟,吴家驹.中华优秀传统文化融入独立学院大学生德育探赜[J].学校党建与思想教育,2016(19):56-57.

[27]王佳琪.新时代高校德育教育创新发展的价值与路径研究[J].中国军转民,2023(04):75.

[28]王佳琦.高质量发展背景下高校德育的现状及其突破[J].湖北成人教育学院学报,2023,29(04):65-69.

[29]王娟,秦国良.青少年网络德育教育模式的实效性[J].河南农业,2017(12):31.

[30]王秋莲.中国传统家训文化的大德育观研究[J].新西部,2018(18):94-95.